KB130366

희망의 새 길 한 번 더

오로지 군민의 행복과
오로지 괴산 발전만을 위해
282개 마을, 1400리 길을
구석구석 누비는 사람

현장군수 나용찬

희망의 새 길 한 번 더

초판 1쇄 발행 2018년 03월 13일

지 은 이 나용찬 · 안미선
발 행 인 권선복
편　　집 권보송
기록정리 한영미
디 자 인 서보미
전 자 책 천훈민
발 행 처 도서출판 행복에너지
출판등록 제315-2011-000035호
주　　소 (07679) 서울특별시 강서구 화곡로 232
전　　화 0505-613-6133
팩　　스 0303-0799-1560
홈페이지 www.happybook.or.kr
이 메 일 ksbdata@daum.net

값 15,000원
ISBN 979-11-5602-592-4 (03190)

Copyright ⓒ 나용찬 · 안미선, 2018

* 이 책은 저작권법에 따라 보호받는 저작물이므로 무단전재와 무단복제를 금지하며, 이 책의 내용을 전부 또는 일부를 이용하시려면 반드시 저작권자와 〈도서출판 행복에너지〉의 서면 동의를 받아야 합니다.

도서출판 행복에너지는 독자 여러분의 아이디어와 원고 투고를 기다립니다. 책으로 만들기를 원하는 콘텐츠가 있으신 분은 이메일이나 홈페이지를 통해 간단한 기획서와 기획의도, 연락처 등을 보내주십시오. 행복에너지의 문은 언제나 활짝 열려 있습니다.

희망의 새 길 한 번 더

나용찬 · 안미선 지음

차 례

1장

나는 누구인가?

2장

삶의 공간

3장

행복의 열쇠

4장 만남과 인연

5장 더 좋은 내일의 희망

6장 아름다운 동행

부록 부록 : 나용찬·안미선의 글

- 『꿈을 심는 희망의 새 길』 한 번 더!
- 일선 근무 시 지역문화 체득
- 누군가 해야 할 일이라면 '내'가 하고,
  내가 해야 할 일이라면 '지금' 한다
- 고향인 괴산에서 근무

1장

나는 누구인가?

『꿈을 심는 희망의 새 길』 한 번 더!

"해 보지 않고는 당신이 무엇을 할 수 있는지 알 수 없다."
-프랭클린 아담-

꿈을 자주 꾼다. 생각이 많아서 그런가 보다. 어릴 적 가지고 있던 꿈을 뒤돌아보면 참 소박했던 것 같다. 목표치가 높지 않았기에 도전하고 또 도전하는 자신과의 싸움을 쉽게 시작할 수 있었던 것 같다. 평범한 가정, 평범한 사고 속에서 온전히 나의 삶을 조금이라도 바꾸어 보고 싶어서 도전했으며 자신과의 싸움에서 꼭 이겨야 한다는 절박함을 느끼도록 자신을 채찍질하곤 했다. 그러다 보니 평범함을 허락하지 않는다는 것에 길들여지고 있는 것 같았다.

괴산에서 태어나 고등학교까지 성장하였다. 그 후 만 23세, 경찰공무원이 되어 서울 땅에 발을 내려놓는 순간 앞을 봐도, 옆을 봐도, 뒤까지 돌아봐도 나를 손잡아 줄 사람은 아무도 보이지 않았다. 내가 찾아갈 사람도, 나를 찾아올 사람도 없다고 생각했을 때 "나는 누구인가" 짚어보지 않을 수 없었다. 그 순간 깨닫게 되었다. 이제부터 '나용찬'이라는 상품을 만들어야겠다. 누군가가 나를 찾을 수 있도록 알리고, 나를 필요로 하는 사람이 많아지도록 살아야겠다고 굳게 다짐하였다.

선택할 줄 아는 판단력과 실천할 줄 아는 용기를 갖기 시작하였다. "꿈은 행복을 가져오지만, 행복은 꿈을 주지 않는다."는 말을 교훈 삼아, 성공할 수 있는 비결을 꿈에서 찾아내기로 했다. 행복은 성공 이후 자연스럽게 다가올 것이라 믿었다. 꿈을 이루는 가장 큰 열쇠는 환경에 있는 것이 아니라 바로 나 자신의 생각과 태도가 가장 중요하다는 것을 깊이 느끼기 시작했다.

요즘 세상 돌아가는 이야기를 접하다 보면 부정적인 이야기가 긍정적인 이야기보다 더 많이 나오고 더 재미있어하는 것을 볼 수 있다. 그럴 때마다 사람들은 보통 자신을 탓하기보다 사회·제도를 탓하는 것 같았다. 나 자신도 최근 남을 탓하고 제도를 탓하고 법을 탓하는 경우가 있어 정신을 다잡고 "모든 것이 내 탓이오"라고 되뇔 때가 한두 번이 아니다. 그러면서 지나온 나의 삶에 대한 과정을 글로 쓴 『꿈을 심는 희망의 새 길』 책을 펼쳐보며 지금까지 꾸었던 나의 꿈들을 들여다보았다.

초등학교 졸업할 때 나의 꿈은 닭을 키우는 커다란 양계농장을 차리는 것이었다. 그래서 장래희망에 '양계업'이라고 썼다. 시골에서 벼농사, 보리농사, 밀농사, 콩농사, 담배농사는 1년 동안 일을 하고 나서야 수확한 농산물을 팔아 돈을 손에 쥘 수 있었다. 그러나 닭이 알을 낳으면 10개를 모아 짚으로 예쁘게 꾸러미로 묶어서 장날 팔게 되면 손에 돈을 쉽게 쥘 수 있다는 것을 알게 되었다. 닭은 얼마든지 많이 키울 수 있고 항상 알을 낳기 때문에 매일매일 돈이 되므로 돈의 회전이 빠르다는 것을 알게 되었다.

중학교 때는 '공무원'이 되는 것이 꿈이었다. 칠성 촌놈이 괴산읍내로 나가서 중학교를 다니다 보니 공무원 부모님을 둔 친구들이 그렇게 부러울 수가 없었다. '아, 나도 이담에 공무원이 꼭 되어서 나중에 내 아이들을 잘 보살펴 주어야겠다.'는 생각을 했다.

고등학교 3학년 때는 아버지께서 늘 말씀하셨던 '담배지도원'이 내 꿈이 되어 있었다. 우리 집은 여러 농사 중에서도 특히 담배농사를 많이 지었다. 그 영향 탓인지 아버지는 자연스럽게 내 향후 진로를 정할 때에도 담배지도원이 좋겠다고 말씀하시곤 했다. 당시만 해도 엽연초葉煙草 생산직은 전매청 소속의 공무원이었기 때문에, 농촌에서라면 담배지도원도 꽤 좋은 직업 중 하나였다. 아버지의 뜻에 따라 내가 괴산고등학교 농업과를 가게 된 이유이기도 하다.

그러나 실제로 아버지의 바람은 이루어지지 않았다. 고등학교 졸업 후 담배지도원이 되려고 했으나 여의치 않았다. 집안 6촌 형님께서 고등학교를 졸업했으니 취직해서 밥벌이를 해야 하지 않겠냐며, 상호신용금고 사무실에 나와서 근무하라고 호출하는 바람에 군 입대하기 전, 10개월간 금융 분야에서 일하기도 하였다.

괴산중학교 졸업사진

군 복무는 1974년도 증평 37사단에서 신병훈련을 받고 차출되어 34개월 10일 동안 복무하고 병장으로 만기 제대하였다. 처음에는 보병병과를 받아 후반기 보병훈련까지 받았으나 그 후 병기병과로 전과 되었으며 그리고 군종사병으로 복무하다 전역하였다.

군 제대 후에는 소수면에 살고 있는 고등학교 친구 두 명이 집으로 나를 찾아왔다. 친구들은 "지금 소수면 수리에 있는 외딴집에서 공부를 하고 있는데 함께 공부하자"며 나를 데리러 온 것이다. 나는 자전거에 책과 이불, 짐을 싣고 30리 길을 찾아갔다. 법대를 다니는 친구는 법원 · 검찰직 공무원시험 준비를 하고 있었고, 고등학교 인문과를 졸업한 친구는 행정직 공무원시험을 준비하고 있었다. 나는 괴산고등학교 농업과를 졸업했기에 전매청 엽연초 생산직 공무원 시험을 준비하게 되었다.

1970년대 괴산지역의 재배 농산물 중 잎담배 생산량은 큰 비중을 차지하고 있었다. 집집마다 담배농사 안 하는 집이 거의 없을 정도였다. 담배농사를 지어야만 가을에 목돈을 만질 수 있기 때문이었다.

이렇게 많은 농민들에게 잎담배 농사기법을 알려주고 농자재 공급과 농사지을 자금을 대여해주는 전매청 소속의 공무원이 각 읍·면 단위로 배치되어 근무하고 있었다. 아버지는 오랫동안 담배농사를 해 오셨기 때문에 아들인 나에게 담배지도원이 될 것을 권유하셔서 시험 준비를 하게 되었던 것이다.

그러던 어느 날 괴산 농촌지도소에 다니시는 친구의 매형이 경찰관시험 응시원서 2장을 가지고 친구를 찾아오셨다. 퇴근 후, 자전거를 타고 비포장 도로 20리 길을 달려오신 것이다. 법원·검찰직만 고집하지 말고 경찰공무원 시험을 보도록 권유하셨다. 처음에는 경찰관시험에 응시하지 않겠다고 하던 친구가 원서를 꺼내들고 나에게 함께 경찰관시험을 보자고 했다.

나는 시험준비도 제대로 하지 못한 상태였다. 그동안 공부해 온 엽연초 생산직시험과 전혀 다른 분야여서 조금 망설였으나, 친구의 권유로 시험 보기로 마음먹고 벼락치기로 공부하여 결국 경찰관 채용 시험에 합격하게 되었다. 이로 인해 내 인생의 꿈이 담배지도원에서 경찰관으로 바뀌어 버린 것이다. 도전하는 것을 두려워하지 않았기에, 그리고 사실상 무엇이 좋은 것인지도 모르고 그냥 친구 따라 간 것이다.

어릴 때부터 특별히 경찰관이 되겠다는 생각은 해본 적이 없었다. 오히려 경찰지서가 있으면, 무서워서 다른 곳으로 돌아갈 정도였다. 그러나 나는 다행스럽게도 어떤 일이든 일단 마음먹으면 그 일에 몰두하며 매진하는 편이다. 경찰생활도 내게 있어 또 하나의 도전이자 새로운 삶을 향한 가슴 설레는 모험이었다.

"꿈은 머리가 아닌 행동으로 이룬다."는 말이 있다. 낚싯줄을 던지지 않으면 물고기를 잡을 수 없고, 타석에 들어서지 않으면 홈런을 칠 수 없는 것처럼, 시도하지 않으면 이룰 수 없다. 즉 행동하고 실천하지 않으면 그 어떤 것도 달라지지 않는다. 행동이 곧 자신의 운명을 결정짓는 것이다. 지금 돌이켜보면 우연치 않게 친구를 따라 경찰시험을 본 것 자체가 이미 정해져 있던 운명이 아니었을까 싶다. 경찰공무원으로서의 삶은 바로 이때부터 시작되었다.

나는 이 무렵의 경험을 통해서 '할 수 있다고 믿고 실천하는 사람이 성공한다.'는 인생의 진리를 깨닫게 되었다. 다른 사람이 할 수 있는 일이라면 나도 할 수 있다는 믿음이 중요하다. 그 믿음만 있다면, 설사 어떤 역경이 닥친다 해도 언젠가는 반드시 자신의 목표를 달성할 수 있을 것이다. 반대로 '나는 할 수 없다.'고 생각하고 회피하는 순간 수많은 기회들이 흔적도 없이 사라질 것이다.

내 경우도 마찬가지였다. 나에게 다가온 기회를 단지 자신이 없다는 이유로 외면했다면, 인생의 방향이 바뀌지도 않았을 것이고 지금의 나 역시 존재하지 않았을 것이다. '나도 할 수 있다.'는 자신감으로 무장하고 행동으로 옮길 때 기회를 잡을 수 있으며, 내가 할 수 있는 최선을 다했을 때 좋은 성과를 얻을 수 있는 것이다. 고등학교 농업과를 졸업하고 순경으로 임관하여 총경으로 퇴직할 때까지 35년간, 경찰공무원으로서 사회에 봉사하며 보람 있는 삶을 살아갈 수 있었던 것도 모든 일에 최선을 다했기 때문이라고 생각한다.

"

 # 기회포착 6가지 방법

1. 과거를 보지 말고 미래를 보자.
2. 모든 사람들이 '되기만 하면 정말 좋을 텐데'라는 것을 찾자.
3. 모든 장애물이 곧 기회라는 것을 명심하고 장애물을 찾자.
4. 문제를 찾자.
5. 삶의 버려진 곳에서 기회를 찾자.
6. 일단 기회라고 생각되면 그 기회를 활용하자.

– 로버트 H. 슐러 –

"

일선 근무 시
지역문화 체득

"그 어떤 위대한 일도 열정 없이 이루어진 일은 없다."
-랄프 왈도 에머슨-

박정희 대통령이 갑자기 서거하자 사회는 극도로 혼란스러웠다. 박 대통령의 18년 장기집권이 막을 내리고 2인자라고 칭하던 김종필·김영삼·김대중의 '3김金' 시대가 열리는 듯했다. 그동안 잠재되어 있던 여러 가지 욕구가 분출되고 있었다. 이 무렵의 무질서한 사회현상은 심각한 수준이었다. 연일 폭력시위가 있었고 젊은이들의 희생도 뒤따랐다. 하지만 일선경찰서에서 근무할 때 나의 우선순위는 국민의 안전보장과 위민봉사였다.

발령 받아서 가는 곳마다 그 지역의 정서를 알아야 한다는 생각에 직원들과 함께 문화공간을 찾아다니는 것을 좋아했다.

자신이 근무하는 지역의 문화와 역사를 잘 알고 있어야 그 지역에 대한 애착이 더 많이 생기기 때문이다. 그래서 직원들에게 우리 구역에서 역사성 있고 가볼 만한 곳을 10군데 선정해 보라고 했다. 얼핏 생각하면 도심 안에는 그런 장소들이 별로 없을 것 같지만, 의외로 동네마다 역사가 있고 가볼 만한 문화적 가치가 있는 곳이 꽤 많았다.

동작구에는 '장승배기'란 지명이 있는데, 왜 그곳이 장승배기로 불리게 됐는지 실제로 가서 그 동네의 유래를 알아본 적도 있다. 장승배기는 동작구 상도동·노량진동에 걸쳐 있던 마을로서, 장승을 만들어 세워놓은 것이 유래가 되어 붙여진 이름이라고 한다. 그 옆 동네 노량진역에는 아직도 경인선 표지판이 남아 있다. 이는 1899년에 한국 최초의 철도 경인선이 이곳에서 제물포까지 개통되었을 당시 노량진이 시발점이었기 때문이다. 근처의 사육신묘와 현충원도 직원들과 참배하고, 그곳에서 함께 도시락을 먹기도 하였다.

또 현충원을 찾아가 호국영웅들과 역대 대통령 묘소에 참배하고 직원들과 함께 삼성산 국사봉 아래에 있는 사자암에 오르기도 했다. 이곳에서는 멀리 청와대가 바라보였다. 직원들과 함께 절 마당으로 들어가 스님에게 인사를 드리고 왜 사자암이라고 이름 지어졌는지 그 유래에 대해 묻자, 스님이 직접 사찰을 안내하며 설명해 주었다.

사자암이 있는 삼성산과 인근의 호암산은 산의 형세가 북으로 내달리는 호랑이 형국이라고 하였다. 이 절을 창건한 무학대사는 그 기세를 막기 위하여 사자 형상을 띤 국사봉 아래에 사자암獅子菴을 세웠고, 호암산에는 호랑이를 제압한다는 의미를 지닌 호압사虎壓寺를 세웠다는 것이다.

서울 강서구 근무시절에는 직원들과 겸재 정선 기념관을 다녀오기도 했다. 우리가 쓰고 있는 1,000원짜리 뒷면에 있는 그림이 겸재 정선이 그린 유명한 그림이다.

현충일을 맞아 직원들과 함께 동작동 현충원 참배

생각해 보면, 그 지역에 근무하는 공무원이 관내에 있는 문화유적지에 대하여 잘 알고 있다면, 관내 지역에 대한 애착은 물론이고 다른 지역에서 온 사람들에게 그 지역을 홍보할 수도 있을 것이다. 게다가 점심시간에 도시락을 들고 문화산책을 할 수 있는 여유로움이 있다면 이 얼마나 좋은 일이겠는가.

일선 경찰서에서의 다양한 업무는 나에게 정말 좋은 경험이었다. 행사 때마다 중요시되는 의전업무는 행사내용에 따라 의전의 내용도 달라지기 때문에 늘 긴장해야 했다. 홍보업무는 출입기자들과 밀접한 관계를 유지하며 각종 보도 자료를 제공해 주었다. 그리고 비난성 기사에 대응하기 위해 출입기자들과 함께 정보를 공유하여 친밀도를 높여갔다. 사람들과의 관계를 어떻게 가져야 하며, 돌발 상황에 어떻게 대처해야 하는지, 그 방법에 대해서도 많이 배울 수 있었다. 특히 '젊은 사람이 배우는 것을 게을리하는 것은 죄'라는 생각이 들었고, 더더욱 자신의 발전을 위해 노력하지 않고 안주하는 것만큼은 스스로 용서할 수 없었다.

이때부터 나는 두 마리 토끼를 다 잡아야겠다는 마음을 먹었다. 그중 하나는 '배움'이고 또 다른 하나는 '승진'이었다. 평상시 근무를 하면서도 공부할 수 있는 한국방송통신대학 법학

과에 지원하였다. 물론 일과 공부를 병행한다는 것이 말처럼 쉬운 일은 아니었다. 승진시험 때가 다가오면 방송대 휴학을 하고, 승진시험에 합격하고 나면 다시 공부를 시작하는 일이 몇 년간 반복되었다.

무척 힘들었다. 그러나 포기하진 않았다. 마음먹은 이상 어떤 식으로든 끝까지 목표를 향해 나아가야 했다. 장애물을 넘기 힘들다고 제자리에 주저앉는 것은, 내 스스로 용납할 수 없는 일이었다. 그것은 스스로에게 한 약속을 지키는 것임과 동시에 내 자존심을 지키는 것이기도 했다. 나는 그렇게 5년 과정이었던 방송통신대학 과정을 일과 공부를 병행하며 7년 만에 마치게 되었다.

바쁜 근무 중에도 대학교를 졸업하고 나니 대학원에 진학하고 싶은 생각이 들었다. 몸은 무척 힘들었어도 젊음과 열정을 가지고 있었고, 나의 부족함을 극복하려면 어떤 상황에서든 게으름 피우지 않고 더 부지런히 뛰는 것뿐이었다. 그러면 반드시 언젠가는 그에 상응하는 대가가 따를 것이라고 믿었다.

마침 경기대학교가 내가 근무하는 경찰청 바로 뒤에 있었다. 사무실과 가깝고 바쁜 업무 중에도 틈틈이 학교를 다닐 수 있을 것 같아서, 경기대학교 정치전문대학원에 진학하였다. 그리고 그곳에서 정치학 석사학위를 받았다.

'현재는 과거의 필연적인 산물이며, 모든 미래의 필연적인 원인'이라는 말을 신뢰한다. 내일을 위한 최선의 준비는 오늘의 일을 내일로 미루지 않는 것이다. 하루하루 전력을 다하지 않고는 내일의 꿈을 이루지 못할 것이며, 평소 계획한 목표를 달성하지 못할 것이 자명하다. 내가 만약 그때 몸이 고되다는 핑계로 또는 일이 많다는 이유 등으로 도전하지 않고 살아왔다면, 승진의 영광은 고사하고 어떤 학위도 받지 못했을 것이다.

1999년 경기대 정치전문대학원 졸업식 후 아내 안미선, 김상균 대학원장님과 함께

“

일을 미루는 습관을 극복하는 8가지 방법

1. 긴박감 계발하기.
2. 가치 있는 목표를 설정하라 .
3. 목표가 이미 완성된 것처럼 시각화하라 .
4. 긍정적으로 다짐하라.
5. 명확한 마감시한을 설정하라 .
6. 변명하지 마라.
7. 업무를 완성하면 자신에게 보상하라 .
8. 업무완성에 전적인 책임을 져라.

”

누군가 해야 할 일이라면 '내'가 하고, 내가 해야 할 일이라면 '지금' 한다

경찰청 인사교육과

"나는 특별한 재능을 갖고 있지 않다.
오직 열정으로 가득한 호기심을 갖고 있을 뿐이다."
–알베르트 아인슈타인–

어릴 적 시골에서 성장하여서 그런지 나는 경쟁의식을 별로 느끼지 못하고 살아왔다. 그러나 서울로 상경해 청와대와 경찰청에 근무하면서 나는 누구이며, 내가 어디로 가야 하는지, 앞으로 어떻게 해야 하는지, 깊이 생각하게 되었다.

처음에는 특별하게 남들보다 내세울 것이 없다 보니 마음이 급해졌다. 그런데 한 가지 남들보다 잘하는 것이 있었다. 어릴 때부터 글씨를 깨끗하게 잘 써서 칭찬을 많이 받았는데, 그것이 일하는 데 장점이 될 줄은 몰랐다. 당시만 해도 컴퓨터가 대중화되어 있지 않을 때여서 자필로 보고서를 써야 하는 경우가 많았다. 내 글씨를 본 동료와 상사들이 너도 나도 보고서를 대신 써달라고 부탁을 해올 정도였다. 그 때문에 일이 더 많아졌다. 그뿐만 아니라 이것저것 자잘한 일들도 나에게 많이 주어졌다. 나이도 어리고 계급도 낮으니까 무슨 일만 있으면 만만한 나부터 찾았던 것이다.

속으로는 나한테만 집중적으로 일을 시키는 것 같아 억울하기도 했지만, 그래도 불평하지 않고 주어진 일만큼은 책임감을 가지고 묵묵히 해내었다. 그런 일들을 경험하면서 나는 가장 중요한 것 한 가지를 터득하게 되었다.

"누군가 해야 할 일이라면 '내'가 하고, 내가 해야 할 일이라면 '지금' 한다."

이것은 오늘날의 나의 좌우명이기도 하다. 즉 경험에서 얻은 철학인 셈이다.

인사발령을 받으면 각자 담당업무를 부여받아 이를 수행하게 된다. 그런데 간혹 누군가의 업무에도 속하지 않는 일이 생기면, 서로 눈치만 보면서 신경전을 펼치는 것을 보았다. 쉬운 말로 '떠넘기기' 업무다. 그럴 때마다 결국 거절 못 하고, 나이 어리고, 계급 낮은 내가 할 수밖에 없었다.

경찰청에서의 업무는 새로운 정책을 개발하거나 사회적 문제를 분석하여 대책을 세워야 하는 기획업무가 많았다. 머리가 좋고 주변에서 똑똑하다고 하는 사람일수록 자기 업무가 아닌 것은 손대지 않으려고 한다. 그 때문에 나는 더더욱 누군가 해야 할 일이라면 '내'가 먼저 나서서 하고, 또 내가 해야 할 일이라면 뒤로 미루지 않고 '지금 바로' 해야겠다는 생각을 갖게 되었다. 그래서 오늘날까지도 무슨 일만 생기면 바로바로 처리하려는 습성이 몸에 배어 있다. 이는 내가 경찰에 입문했을 때부터 철칙으로 삼아왔고, 현재에도 무엇보다 최우선으로 지키려고 노력하는 일이다.

실패한 사람들에게서는 하나같이 '언젠가 증후군someday sickness'이 발견된다고 한다. 그들의 좌우명은 '지금 바로'가 아닌 '어느 날인가'이다. 그러나 그 어느 날이란 게 대체 언제쯤 오겠는가? 어떤 일에서든 성공을 보장하는 방법은 '지금, 바로, 오늘'부터 시작하는 것이라고 생각한다.

나는 경찰청 인사교육과에서 근무하는 동안에도 꾸준히 시험으로 승진하였다. 경위시험 승진은 수석으로 합격하였다. 승진하면 다른 곳으로 전보 발령을 한다. 1991년 2월 11일 경위가 되어 경찰청에서 서울 영등포 경찰서 당산파출소장 발령을 받았다. 그 후 정보계장과 교통사고 조사계장을 잠깐 하다가 1993년에 다시 서울지방경찰청 인사교육과로 발령을 받아 이동하게 되었다.

경찰청에서 근무하다가 일선 경찰서에 나가보니 생생한 민생의 현장을 접할 수 있었다. 이 역시 나의 경찰생활에 있어 빼놓을 수 없는 소중한 경험이었다. 이런 경험들을 하나둘씩 쌓으면서 스스로를 조금씩 더 성숙하게 만들었다. 다양한 경험을 통해 사고력을 키우고 국민이 원하는 안전한 사회, 더 좋은 내일을 만들어 가기 위해 무엇을 해야 하는지, 일하며 배우고 배우며 일하는 시간이었다.

고향인 괴산에서 근무

"태풍이 불면 어떤 사람들은 담을 쌓고, 또 어떤 사람들은 풍차를 만든다."
-네덜란드 속담-

나는 1999년 경감으로 승진한 후 괴산경찰서 정보과장으로 발령 받았다. 서울지방경찰청 인사담당으로 5,300명을 인사발령하고 오느라 괴산에는 3주 후에나 올 수 있었다. 승진 후 곧바로 정보과장 직책을 맡는 것은 드문 일이었지만, 서울지방경찰청장님께서 인사발령을 하느라 그동안 고생 많았으니 이번에는 고향에서 근무해 보라고 배려해 준 것이었다. 이유야 어찌 되었든 드디어 꿈에 그리던 내 고향 괴산에서 근무할 수 있게 된 것이다.

발령소식을 들은 첫날부터 가슴이 설레고 마음이 들뜨기 시작하였다. 지난 22년 동안 객지생활을 하다가 부모님 옆에서 함께 산다는 것이 가장 좋았다. 또한 고향발전과 주민들의 안

녕을 위해 일할 수 있어서 좋았다. 몸이 부서지는 한이 있더라도 내 도움이 필요한 곳이라면 어디라도 찾아가, 마음만이 아닌 실질적인 도움을 드리고 싶었다. 그것이 나를 키워주고 품어주어 오늘날의 나를 있게 해준 괴산에 대한 당연한 의무이자 도리라고 생각했다.

무엇보다 다행스러운 것은 1년 6개월간 괴산에서 근무하는 동안 서장님과 동료직원들의 도움으로 괴산군민들에게 실질적인 도움을 드릴 수 있게 된 것이다. 나로서는 무척 기쁘고 감사한 일이었다.

2000년 청천면 도원리 고승관 교수님의 작품 앞에서 탑돌이 행사

그 첫 번째가 벽초 홍명희 선생의 문학비 사건이었다. 그 당시 괴산읍 제월리, 제월대에 세워진 벽초 홍명희 문학비를 철거해야 한다는 보훈단체의 반발이 중앙방송과 지역신문에 연일 보도되면서 당면 현안문제로 대두되었다.

문학단체와 보훈단체의 사상적 대립에 의한 갈등이 시발점이 되었다. 그 제월대라는 곳은 초·중·고 학생들이 주로 소풍을 가는 곳으로도 유명하다. 게다가 그 주변에 펜션이 많이 위치하고 있어서 관광객들도 여름이면 쉬러 오는 곳이기도 했다. 그런데 하필이면 그런 곳에 소설 『임꺽정』의 저자이면서, 한편으로는 월북 작가이자 북한에서 부수상까지 하고 인민회의 의장까지 지낸 홍명희의 문학비를 설치해 놓은 것이, 원호단체의 공분을 사게 된 것이다. 더욱이 비문의 내용이 가장 큰 문제였다.

보훈단체의 입장은 무척 단호했다. "홍명희의 문학성은 인정한다 해도 그의 사상성은 우리가 비석을 세울 만큼 사회적 합의가 이루어지 않은 상태이므로, 이 문학비를 바로 철거해 버리고 그것이 죄가 된다면 유치장에 자진해서 들어가겠다."는 결의를 할 정도였다. 반면 문학단체는 "전국 문인들이 성금을 모아서 건립한 문학비이기 때문에, 이것은 정부나 국가에서 보호해 주어야 할 대상이다. 그러므로 이것이 훼손되도록 방관하는 것은 옳지 않다."라고 주장했다.

두 단체가 한 치의 양보도 없이 극한 대립을 하고 있었다. 그때 내가 중재자로 나서게 되었다. 6월 6일 현충일에 충북의 각 시군 원호회원들이 버스 1대씩을 대절해서 괴산으로 모여 집회를 한다는 정보를 입수한 데다가, 집회 후에는 망치로 벽초 문학비를 때려 부수고 경찰서 유치장에 자진해서 들어가겠다고 하니, 경찰인 내가 나서지 않을 수 없었다. 이러다가 문학단체와 보훈단체가 충돌하거나 나이 드신 원호회원 중 불상사라도 생기게 된다면 더 큰일이지 않은가. 중재를 하려면 원칙을 세우는 것이 급선무였다. 즉 "문학비는 보존하되 잘못된 비문은 다시 쓴다."는 것이 내가 제시한 해법이었다. 문제를 일으킨 원래 설치되어 있던 비문의 내용은 다음과 같다.

민족문학과 민족해방운동의 큰 봉우리 벽초 홍명희 선생(1880~1968)은 충북 괴산 인산리(동부리 450-1)에서 태어나셨다. 선생은 경술국치 때 순국하신 부친 홍범식 의사의 뜻을 받들어 평생을 민족의 자주독립과 문화발전을 위해 노력하셨다.

선생은 일찍이 중국 상해에서 신규식, 박은식, 신채호 선생 등과 함께 독립운동의 방향을 모색하다가 귀국하여 1919년 3·1운동 때 괴산에서 충북지역 최초로 만세시위를 주도하셨다. 그로 인해 옥고를 치른 후에 동아일보 주필과 시대일보 사장으로서 언론창달에 기여하셨으며, 당시 민족교육기관으로 이름 높던 오산학교 교장을 역임하셨다. 또한 일제강

점기 최대의 항일운동 단체인 신간회를 결성하여 민족의 역량을 하나로 모으고자 노력하셨다. 그리고 1928년 조선일보에 연재를 시작한 이후 10여 년에 걸쳐 소설 『임꺽정林巨正』을 집필하셨다. 이 『임꺽정』은 민중의 삶을 탁월하게 재현한 역사소설로 민족문학사에서 불후의 명작으로 평가되고 있다.

물 맑고 인정 두터운 이곳 괴산은 선생의 삶의 자취가 역력한 곳이요, 민족정신이 살아 있는 역사의 고장이다. 삼가 옷깃을 여미고 선생의 뜻을 기리며 민족이 진정 하나가 되는 날을 소망하면서 여기 선생의 고향 땅에 작은 정성을 모아 이 비를 세운다.

위의 비문을 자세히 살펴보면 잘못된 곳이 3군데 나온다.

첫째는 그의 직위를 다 적지 않고 오산학교 교장이라고만 써놓은 것이다. 특히 북한에 가서 부수상과 인민회의의장까지 지냈는데, 그 부분이 빠져 있었다. 보통 비석에는 가장 높은 직위를 쓰는 것이 상식인데, 그걸 쓰는 대신 오산학교 교장이라고만 적어놓은 상태였다. 통일이 된다면 이 비문을 다시 써야 하는 모순점을 발견하였다.

둘째는 그를 두고 '평생을' 민족의 자주독립과 문화발전을 위해 노력하였다고 묘사한 곳이다. 왜냐하면 그가 월북해서 한 활동까지 민족의 자주독립을 위한 노력이었다고 말할 수는 없기 때문이었다. 나는 문학단체들이 모인 자리에서 문학비의 문구 중 '평생을'에 대하여 국문학자들에게 "이 표현은 잘못된 것이 아니냐?"고 물었다. 그런데 돌아온 대답이 참으로 납득하기 어려웠다. 국문학자들은 이 '평생을'이라는 표현에 대해 "벽초 홍명희가 태어나서 월북하기 전까지"라고 대답하였다. 나는 이 잘못을 지적하였다. 누구에게 물어봐도 '평생을'이라는 말은 태어나서 죽을 때까지를 말하는 것이지, 어떻게 이것을 월북할 때까지라고 한정지어 말할 수 있는 것이냐고 되물었다. 결국 문학단체 측에서도 잘못된 표현이었음을 인정하였고, 비로소 '평생을'이란 글자를 비문에서 떼어낼 수 있었다.

그리고 마지막으로 비문 중에 이곳 사람들을 아우르는 구절이 없었다는 점이다. 그가 해방 후 월북해서 북한에서 부수석 자리에 있을 때 동족상잔의 비극인 6·25가 일어났는데, 그 고통스런 과거에 대한 표현이 결여되어 있었던 것이다. 특히 6·25는 민족의 비극인 동시에 이곳 괴산에 있는 원호대상자들에게도 한 맺힌 역사이다. 그런데 이런 아픔에 대해서는 단 한 줄도 쓰지 않았던 것이다.

결국 문학단체 측에서도 잘못된 비문임을 시인하게 되었다. 그 결과 잘못된 비문은 즉시 철거하고 새로운 비문은 보훈단체와 문학단체가 동의를 해야만 세울 수 있도록 합의하였다. 당시 괴산 경찰서 회의실에 원호단체 대표, 문학단체 대표, 괴산군 번영회, 괴산군청 부군수, 괴산군의회 문화복지위원장 등이 참석하였다. 괴산 경찰서가 생긴 이후에 가장 많은 기자들이 이 사건을 취재해 갔다고 들었다.

일단 문학단체와 원호단체 간의 충돌은 피하였으나 벽초 문학비는 비문 없이 1년 동안이나 방치되고 있다는 것이 안타까웠다. 그래서 내가 발령받아 떠나더라도 이 문제 가지고 더 이상은 싸우지 말고, 원만히 합의하여 해결했으면 좋겠다는 의사를 밝혔다. 그랬더니 양측에서 내가 서울로 떠나면 또 싸움이 생길 것 같으니, 발령 나서 가기 전에 합의안을 만들어 새로운 비문을 설치해 주었으면 좋겠다는 요청이 들어왔다. 나는 어쩔 수 없이 다시 한 번 중재자가 되어 양측의 의견을 받기 시작했다. 그 당시 완강한 쪽은 보훈단체였다. 그들은 새로운 비문에는 다음과 같은 10가지 내용을 넣어달라고 요구했다.

1. 6·25 전범으로 동족상잔 원흉의 제2인자라는 점.

2. 문학을 운운하나 내심적 행적을 볼 때 인간으로서 감내하기 어려운 혼란과 동족의 실상이 그에게는 용납될 수 없는 반민족적인 점.

3. 간첩남파 행동은 공산당의 상투수단이라는 점과 안보의식에 위반되는 점.

4. 우리가 현재 고통 받고 있는 것은 그들의 만행으로 인한 행태라는 점.

5. 자유수호를 위한 대한민국 정통성을 수호하기 위해서라도, 반민족 행

위를 한 장본인임을 밝혀야 한다는 점.

6. 적화야욕으로 지금도 호시탐탐 기습하려는 그들의 만행에는 목적이 있다는 점.

7. 지금 자라고 배우는 학생들에게 반국가적 인물을 공개홍보하려는 것은 적의 상투수단에 관련되어 있다는 점.

8. 홍명희 문학비의 내용인즉 추호도 국가에 반역적인 내용은 없고 오히려 찬양하는 문항이 반감을 일으킴으로써 우리에게 충격을 주고, 어린 학생들이 읽어볼 때 과거의 행적이 전범이 될 수 없는 점.

9. 안하무인격으로 그곳에 설치한 저의가 의심스럽고 우리에게 가일층 반감을 일으킨 점.

10. 국토 분단국가로 통일을 염원하는 우리에게 반역적인 상징물이라는 점.

그러나 보훈단체의 요구조건을 다 넣을 수도 없는 노릇이었다. 물론 그들의 아픔이나 슬픔은 충분히 이해되었다. 결국 나는 이러한 요구를 잘 조절하여 "한 개인의 비극인 동시에 민족 전체의 비극이자 고통스러운 역사이며 눈물이요 아픔이다."라는 문구로 바꾸었다. 그리고 그전에 합의했던 내용까지 새로운 비문에 적절하게 집어넣었다. 문학비의 비문은 다음과 같이 수정되었다.

근대 민족문학사의 큰 봉우리 벽초 홍명희(1888~1968)는 경술국치 때 순국한 홍범식 의사의 아들로 충북 괴산 인산리(도부리 450-1)에서 태어났다.

그는 일찍이 중국 상해에서 신규식, 박은식, 신채호 선생 등과 함께 독립운동의 방향을 모색하다가 귀국하여 1919년 3·1운동 때 괴산에서 충북지역 최초로 만세시위를 주도하였다. 이로 인해 옥고를 치른 후에 동아일보 주필과 시대일보 사장, 당시 민족교육기관으로 이름 높던 오산학교 교장을 역임한 바 있다. 또한 일제강점기 최대의 항일운동 단체인 신간회를 결성하여 민족의 역량을 하나로 모으고자 노력했다. 그리고 1928년 조선일보에 연재를 시작한 이후 10여 년에 걸쳐 소설『임꺽정 林巨正』을 집필하여 민족적 저항을 문학작품으로 표현했다. 이『임꺽정』은 민중의 삶을 탁월하게 재현한 역사소설이다.

그는 1948년 김구 등과 함께 남북조선 제정당 사회단체 연석회의에 참석차 북한으로 넘어간 후 남한에 돌아오지 아니하였다. 1950년 북한 정권의 부수상으로 재임할 당시 6·25라는 민족상잔이 있었으며, 1968년 북한에서 타계할 때까지 그는 고향 땅을 밟지 못했다. 이것은 한 개인의 비극인 동시에 민족 전체의 비극이자 고통스런 역사이며 눈물이요 아픔이다.

그의 삶의 자취가 역력한 이곳 괴산은 민족정신이 살아 있는 역사의 고장이다. 삼가 옷깃을 여미고 민족이 진정 하나가 되는 날을 소망하면서 여기 그의 고향 땅에 작은 정성을 모아 이 비를 세운다. (임형택, 강영주, 김승환, 나용찬)

홍명희 문학비에 관한 갈등조정을 마치고
언론사, 괴산군청, 경찰서 정보과 직원들과 함께

양쪽이 동의한 가운데 위와 같이 수정된 내용으로 벽초 홍명희의 문학비가 새로 부착되었다. 이때 당시 여러 군데 신문에서 칭송하는 보도가 쏟아져 나올 정도로 그 반향이 컸다. 무엇보다 보훈단체와 문학단체의 갈등을 치유하고 올바른 역사인식을 갖는 일에, 내가 일조할 수 있었다는 사실이 지금 생각해도 무척 흐뭇하고 감격스럽다.

- 괴산 농민을 위한 일이라면!
- 갈등 중재자 역할을 하다
- 또 한 번의 터닝 포인트 - 주경야독의 시절
- 최우수논문상 수상

2장

삶의 공간

청천농협 조합원과 함께 농산물공판장을 찾아가다

괴산 농민을 위한 일이라면!

「농축산물운송차량」 스티커 부착

"리더는 사람들을 타성에서 벗어나게 해 주는 사람이다.
미지의 세계에 대한 기대를 심어주는 사람이 리더다."
-로사베스 칸터-

괴산에서 근무할 때 보람을 느꼈던 또 한 가지는 농민과 관련된 일이었다.

논에서 밭에서 땀을 뻘뻘 흘리며 일하다가 막걸리 한 잔씩 마시는 것이 농업인의 일상이다. 고된 육체노동 탓에 빨리 배가 고파지게 마련이고, 그럴 때마다 새참에 술 한 잔 마시고 힘을 내 더 열심히 일하는 것이다. 그런데 이렇게 힘든 농사일을 마치고 집으로 돌아가는 농민들에게 음주단속을 꼭 해야만 하느냐는 문제에 부딪치게 되었다. 매일같이 다니는 길이고 일하다가 새참에 술 한 잔 마셨다고 단속하면, 앞으로는 무면허로 다닐 수밖에 없다는 생각이 들었다. 그러다가 사고라도 나면 더 큰일이 아닌가. 물론 상습적으로 술을 마시고 다니는 사람이라면 당연히 단속해야 마땅한 일이다. 그러나 꼭두새벽부터 허리 한 번 제대로 펴보지 못한 채 논에서 밭에서 힘들게 일하다 온 농민에게까지 그렇게 하는 건 내 정서상 맞지 않았다.

더욱이 농촌은 도시처럼 교통편이 좋지 않다. 버스도 자주 다니지 않는데다 막차 또한 빨리 끊겨서, 갑자기 상갓집을 가게 될 경우에도 자신의 트럭이나 오토바이 등을 이용할 수밖에 없다. 평소 아무리 인간관계를 잘해 놓아도 부음 소식을 알고도 조문을 가지 않으면 서운한 법이다.

농민들의 이러한 상황을 지켜보다가 나는 어떻게 해야 음주로 인한 사고도 방지하는 동시에 농민들 생활에도 어려움이 없도록 해야 하는지에 대해 고민하게 되었다. 그 결과 농민들을 대상으로 음주단속을 하는 것보다는 그들을 잘 계도하고, 음주운전으로 인해 사고가 나지 않도록 보호해 주는 것이 진정한 경찰의 몫이라고 생각했다. 그래서 괴산농민차량 운전자 보호를 위해 '괴산농축산물 운송차량'이란 스티커를 제작하여 운전석 앞 유리창에 부착해 주고, 경찰관들이 최대한 농민들의 안전운전을 위해 여러모로 도와주도록 하였다.

사실 한편으로는 이런 배려를 악용하여 상습적으로 음주를 하는 농민이 생길까봐 우려하는 마음도 없지 않았다. 그러나 나의 진심이 통했는지 내가 괴산에 근무하고 있는 동안에는 음주운전으로 인해 사고가 나서 농민이 다치거나 사망하는 일은 단 한 건도 발생하지 않았다. 역시 따뜻한 마음으로 진심을 전할 때 더 좋은 결과가 나타나기 마련이다. 서로의 마음이 진실로 통하는 그곳이 바로 내 고향 괴산이다.

또 한 가지 농민들이 시위를 하거나 집회를 할 때, 경찰이 무조건 강경하게 대응하지 않도록 조치하였다. 나는 농업인들의 데모 또한 존중해 주고 싶었다. 데모란 무엇인가? 내가 생각하는 데모란 소수의 의견이 받아들여지지 않을 때 정의감의 상징으로 다중의 의사를 표출하는 것이다.

그래서 나는 농민들이 그들의 목소리를 마음껏 표출할 수 있도록 하였다. 말 그대로 농민의, 농민에 의한, 농민을 위한 고향의 경찰이 되고 싶었기 때문이다. 다만 법의 한계를 지나치게 넘어서거나 폭력 같은 것을 휘두르지 않도록 계도하고, 농촌발전을 위한 데모는 보장해 주고자 노력했다. 이와 더불어 데모하러 가는 농민들에게는 내 몸이 가장 소중하다는 것을 늘 강조하였다. 무엇보다 나는 내 고향 괴산에서 농민들에 대한 공감대를 형성하는 경찰공무원이고 싶었던 것이다. 그것이 농사꾼의 아들이었던 나의 역할이라고 생각했고, 나의 아버님과 어머님 같이 피땀 흘리면서 정직하게 땅을 일구고 있는 분들에 대한 존경의 표시였다. 그것은 또한 농촌이 잘살아야 진짜 선진국이라는 내 신념에서 비롯된 것이기도 했다.

발령 받아 가는 곳마다 괴산농작물 직거래 장터를 개설하였다

갈등 중재자 역할을 하다

"충분히 오래 들으면 상대방은 대부분 좋은 해결책을 알려 주기 마련이다."
-베리 케이 애쉬-

1999년 청천면 화양동에서 영화축제가 열리게 되었다. 영화관계자뿐 아니라 모든 사람들이 한마음으로 무척 열심히 준비한 행사였다. 그러나 사람들의 이러한 정성을 아는지 모르는지, 유감스럽게도 그 무렵 태풍 '올가'가 들이닥쳤다. 충청도만이 아닌 한반도 전체를 강타한 태풍이었다. 순간 최대풍속이 초속 33m인 어마어마한 강풍으로, 67명이 사망 또는 실종되고 1조 490억 원의 재산피해가 발생하였다.

영화축제 현장도 태풍을 피해갈 수 없었다. 영화축제장을 싹 쓸어버렸는데, 특히 먹거리 부스에 들어온 상인들과 농민단체의 피해가 막대했다. 그들은 당연히 자신들의 손실을 군청에 호소했다. 그리고 군 의회에서 그 잘못을 군청에 강하게 질

타하면서 행정상 착오에 대한 대군민 사과를 요구했다. 그러나 군청 측에서는 이것은 특정인의 잘못이 아닌 천재지변에 의한 것이라고 항변하였다. 반면 군청 측의 반응을 지켜보던 군 의원들은 감사원에 감사청구를 하겠다고 하였다.

이로 인해 또다시 군청과 군 의회 간의 갈등이 시작되었다. 이번에도 쉽사리 가라앉지 않을 것 같았다. 이번에도 괴산의 평화를 위해 내가 중재자 역할을 맡기로 했다. 군 의회 김인환 의원 등 여러 의원님들을 만나 '이렇게 감사원에 감사청구를 하는 것은 누워서 침 뱉기와 다름없다. 천재지변에 의해 부득이하게 발생한 피해였으니 군수님께서 사과를 하도록 하고, 군 의회 역시 감사청구를 하는 등의 일을 확대시키는 일은 자제하는 것이 바람직하다. 이쯤에서 서로 양보하고 일을 잘 마무리 짓자'고 제안하였다. 다행히 이 사건은 더 이상 커지지 않고 군수님께서 사과발언을 하는 것으로 깔끔하게 마무리될 수 있었다.

어떤 지역을 막론하고 단체나 지역 간의 갈등과 반목은 생길 수밖에 없다. 서로 간의 가치와 이해가 충돌할 때면 더욱 그러하다. 이럴 때 중요한 것이 중간에서 이러한 갈등을 객관적으로 바라보고, 서로를 화해시킬 수 있는 중재자의 역할이라고 생각한다. 나는 고향에서 본의 아니게 중재자의 역할을 여러

번 하게 되었다. 나의 노력으로 단체 · 지역 간의 갈등을 해소할 수 있다면, 그것이 쉽지 않은 일이라도 얼마든지 시도해 볼 만한 가치 있는 일이었다.

이후 괴산을 떠나 서울에서 근무할 때도 마찬가지였다.

하루는 전국공무원 노조가 데모를 심하게 하였는데, 그 무리 중에서 괴산공무원 노조원들도 있었고, 그들이 경찰에 붙잡히는 일이 발생했다. 이 사실을 알게 된 나는 공무원노조 20여 명이 조사를 받고 있는 송파경찰서로 달려가서 이들을 귀가할 수 있도록 하였다.

당시 직속 상사에게 "괴산 공무원들을 유치장에서 빼내어 술 한 잔 사주고 오겠다."라고 했더니 내게 "사표 내고 가라."라고 했던 일이 지금도 생생히 떠오른다. 이때 내가 겁도 없이 "괴산 공무원들을 집으로 돌려보내고 와서 사표 내겠습니다."라고 당당하게 말했는데, 이것은 정말 촌놈의 뚝심에서 나온 힘이었다는 생각이 든다.

이후 유치장에서 나온 괴산군청 직원들과 석촌호수를 바라보며 소주 한 잔을 기울였다. 나는 그들에게 "이번에 경찰에 붙잡혀 온 사람들을 보면, 데모를 할 때는 빠져 나갈 구멍을 확인한 후 붙잡힐 때가 되면 쏙 빠져버려야 하는데 순수한 괴산의 공무원들은 끝까지 데모하다가 다 잡혀온 것이다. 데모는 다중의 의사표현을 통해 목적을 달성하는 수단이 되어야 하는데 그러기도 전에 잡혔으니 여러분 모두 앞으로는 좀 더 효과 있게 데모를 하는 것이 중요하다."라고 충고한 기억이 난다.

그 일이 있고 난 후 얼마 지나지 않아 괴산군청 노조원들로부터 고맙다는 답례로 초청을 받았다. 대사리 효원가든에서 오리백숙에 가시오가피주를 곁들이며 군청노조원들과 자리를 함께했다. 공직사회에 새로운 변화, 올바른 공직사회를 선도하는 노조공무원들의 용기에 찬사를 보내며, 전략적으로 접근해서 오늘부터 더 좋은 내일을 펼쳐보자는 공감대를 형성한 뜻깊은 시간이었다. 이처럼 괴산에 있을 때는 물론이고 서울에 있으면서도 괴산지역의 발전과 군민들을 생각하는 마음에는 조금도 변함이 없었다.

"

문제를 해결하는 8가지 방법

1. 어떤 문제에도 반드시 자신의 힘으로 해결할 수 있다는 신념을 가져라.
2. 항상 편안한 마음으로 문제에 접하라. 긴장된 상태에서는 정상적인 판단은 어렵다.
3. 문제를 무리하게 해결하려 하지 말라.
4. 발생한 문제에 대한 모든 사실들을 수집하라.
5. 현재 일어난 문제점들을 순차적으로 종이에 적어보라. 그러면 모든 문제점들을 올바르게 파악할 수 있고 대처방안을 세울 수 있다.
6. 당신의 문제점에 대해서 신께 상의하라. 그러면 당신을 인도해 줄 것이다.
7. 자신의 통찰력과 직관력을 믿어라.
8. 자신보다 능력 있는 사람들에게 조언을 구하라.

– 로버트 H. 슐러 –

또 한 번의 터닝 포인트

주경야독晝耕夜讀의 시절

"더 좋아지려는 노력을 중단한다면 현재의 기쁨도 중단될 것이다."
-올리버 크롬웰-

'경찰청에 들어가 위만 바라보며 달릴 것인가?'

'일선 경찰서에 근무하면서 공부를 계속하여 박사학위를 받은 후 대학에서 강의를 할 것인가?'

이 두 가지 중 한 가지를 택하기 위하여 오랜 시간 숙고를 거듭해야 했다. 그러던 중 나도 모르는 사이 조금씩 대학에서 강의를 하는 쪽으로 마음이 기울었다. 평소 일을 할 때 경찰동료들과 선배들에게 불려오던 '나 박사'란 별칭을 진짜 호칭으로 만들고 싶기도 했고, 대학에서 강의할 준비를 이미 어느 정도 해놓은 상태였기 때문이다. 물론 어느 것 하나 단시간 안에 이루어질 일들은 아니었다. 그렇기 때문에 더욱 신중하게 생각할 필요가 있었다.

어떤 일에든 최선을 다하고자 기도하고 노력할 때 응답을 받는다고 한다. 어떤 일을 시작하려고 할 때, 할까 말까 망설이는 데서 더 많은 고민과 갈등이 생기는 것인지도 모른다. 그러나 일을 선택할 때 망설이는 것은 내 스타일과도 맞지 않았다. 망설이기보다는, 옳다고 생각하면 일단 시작하는 것이 남들보다 한 걸음 앞설 수 있는 방법이라고 생각해 왔기 때문이다. 이런 신념이야말로 지금의 나를 만들어 준 원동력이었다.

결심이 서고 난 후 나 자신을 한층 더 치열하게 몰아붙이기 시작했다. 이 무렵 한양대학교 김종량 총장님과 함께 식사를 하며 인천송도 국제도시 개발과 청라지역 신도시 개발에 대하여 깊은 이야기를 나누게 되었다. 총장님께서는 인천도시개발 정책에 대하여 높은 관심을 가지고 계셨다. 나 또한 인천 근무시 이 지역 도시개발 현장을 다녀봤기에 총장님과 이야기를 재미있게 나눌 수 있었다. 이 대화를 계기로 대학원 박사과정 진학을 마음먹고 바로 한양대학교 행정학 박사과정에 도전하게 되었다. 향후 진로를 결정지었던 이 시기가, 내 인생에 있어서는 또 한 번의 터닝 포인트였던 것이다.

진로를 확실하게 선택하고 나니 마음이 한결 편해졌다. 하지만 낮에는 일하고 저녁에는 학교 나가 수업을 들어야 하는 체력적으로 무척 힘든 생활이 시작되었다. 말 그대로 '주경야독晝耕夜讀'의 시절이었다. 스트레스로 오는 원형탈모증을 두 번씩이나 겪어야 했다. 하지만 이희선 교수님, 정우일 교수님, 최병대 교수님, 박응격 교수님 등 권위 있는 교수님들의 지방자치행정과 도시개발정책, 공공정책관리, 관리자의 리더십, 통계분석학 등에 대한 강의는 소홀히 넘길 수 없는 금쪽같은 강의였다. 박사과정 공부가 남들보다 늦었지만, 늦었다고 할 때가 빠르다고 하는 것처럼 힘들지만 행복하고 의미 있는 생활이었다.

한양대학교 박사학위 수여식 후 김종량 이사장, 이영무 총장, 동기와 함께

최우수논문상 수상

"가장 유능한 사람은 가장 배움에 힘쓰는 사람이다."
-괴테-

경기대학교 정치전문대학원 졸업 석사학위 논문은 〈남북한 통일과 경찰 통합에 관한 연구〉였다. 최우수논문상을 받을 만큼 많은 관심을 모았던 논문인 동시에, 경찰 내에서 통일 후 남·북한 경찰통합에 관하여 처음 쓴 논문이었다. 1999년 김대중 정부가 들어서면서 통일이 곧 되는 것처럼 이야기되던 무렵이었다.

남북한이 통일되면 남한의 치안질서를 유지하는 경찰관과 북한의 치안과 근로감독권한까지 가지고 있는 공안원 간 통합되어야 하는데, 치안 관련 법률의 통합, 조직의 구조적 통합, 인력 운용의 방법 등 법과 제도에 대하여 심도 있는 연구가 필요하다고 생각되어 논문을 쓰게 되었다.

남한과 북한이 정치적으로 통일이 된다면 이에 따라 행정적으로 통합해야 하며, 이 밖에도 화폐 통합, 표준국어 통합, 법령 통합, 국방제도 통합, 교육과정 통합 등 사회질서유지를 위해 남한과 북한이 분야별로 통합해야 할 것이 무척 많다는 것을 연구를 통해 알게 되었다. 그리하여 통합이 되면 북한지역의 치안을 어떻게 누가 처리할 것인지 미리미리 연구해 놓아야 한다는 문제를 제기하고 방안을 제시하였다. 이로 인해 최우수 논문상을 받게 되었다.

석사학위 우수논문상 수상

이후 〈경찰공무원의 직무 스트레스가 직무 행태에 미치는 영향〉이란 제목으로 박사학위 논문을 썼고 한양대 대학원에서 박사학위를 수여받았다. 이는 전국에 있는 경찰공무원 600명을 대상으로 직무 스트레스와 관련된 조사를 실시하여 연구·분석한 것이다. 직무 스트레스란 '개인이 감당할 수 있는 수준을 넘었거나, 주어진 스트레스 자극에 적절하게 대처하지 못하는 경우'를 의미한다.

현직 경찰공무원 600명에게 스트레스를 가장 많이 받는 때를 물은 결과 '역할 모호'(M=3.88)가 가장 높게 나타남을 알 수 있었다. 그 다음은 불확실성(3.86), 교대근무(3.82), 긴급성(3.80), 역할갈등(3.72), 위험성(3.71) 등이 직무만족에 의미 있는 영향을 미치는 것으로 나타났다.

경찰공무원에게는 휴식이 충분히 보장되지 않는 실정이다. 그러므로 중요한 일로 직무 스트레스를 받게 될 때에는 이를 계량화해, 이에 맞는 휴식시간을 보장해 주어야 한다고 주장했다. 다시 말해 직무 스트레스의 중요성을 알고 이를 예방·해소하려고 노력할 때, 직무만족도 역시 높아질 수 있는 것이다. 이 논문은 〈경찰 스트레스를 줄이려면〉 등의 제목으로 여러 신문에 소개되기도 하였다.

- 농사꾼의 아들
- 부모님이 남겨주신 두 권의 책
- 행복의 출발은 가정에서
- 기도를 통해 꿈에서 엿본 미래

3장

행복의 열쇠

농사꾼의 아들

"우리가 부모가 되어야 비로소
부모가 베푸는 사랑의 고마움을 절실히 깨달을 수 있다."
–헨리 워드 비처–

충청북도 괴산! 어디를 가나 늘 푸른 산과 숲 그리고 맑은 물이 함께 어우러지는 곳, 그곳이 바로 나의 고향 괴산이다. 참으로 행복하게도 나는 청정지역의 그 싱그러운 산바람과 연못이 있는 골짜기바람을 온몸으로 맞으며 자랐다. 천생 농사꾼이셨던 아버님의 일을 돕기 위해 어릴 때부터 자주 논과 밭으로 나가곤 했었는데, 그때마다 내 눈과 내 가슴에 담았던 고향마을은 군자산 아래 작은 마을로 포근하고 따뜻한 모습이었다.

우리 형제는 원래 11남매였다. 그중 7남매를 잃고 큰 누님과 작은 누님, 그리고 나와 남동생 이렇게 4남매만 남았다. 부모님께서 자식들을 하도 많이 잃으니까 내가 태어났을 때는 죽지

아버님 회갑 축하연

말라고 나를 실겅에 올려놓았다고 한다. 실겅이란 시렁의 사투리로 물건을 얹어놓기 위하여 방이나 마루 벽에 두 개의 긴 나무를 가로질러 선반처럼 만든 것을 말한다. 옛날에는 대부분의 집들이 초가삼간이었는데 우리 집도 마찬가지였다. 부엌이 있고 안방이 있고 윗방이 있었다. 그 윗방에 나무때기 2개를 옆으로 걸어놓고 그 위에 나를 올려놓은 것이다.

부모님께서는 초하룻날과 보름날만 되면 장독 위에 정화수를 떠놓고 나와 동생을 위해 "비나이다. 비나이다. 신령님께 비나이다."라며 간절히 기도를 올리시던 모습이 아직도 생생하게 기억난다.

아기를 낳아 7남매를 잃으셨을 당시 우리 부모님의 심정은 오죽 했을까? 이를 생각하면 가슴이 아파온다. 그래서였는지 나는 어린 나이에도 불구하고 자식을 일곱이나 잃은 부모님의 아픈 마음을 항상 염두에 두고 있었다. 현실적으로 내가 장남이 되어야 했기 때문에, 아마도 또래 친구들에 비해 일찍 철이 들었던 것 같다. 더욱이 동네의 다른 집들은 장남이 이미 장성해서 부모님의 힘든 일을 척척 거들어 주니 무척 든든했을 것이었다. 그런데 우리 집은 내가 아직 어리다 보니 부모님께 크게 도움을 드릴 수 없었다.

자식을 잃은 것만으로도 평생을 힘들게 사셨을 두 분인데, 아들을 늦게 두어 나이가 드신 아버님이 힘든 일을 도맡아 하시는 것이 늘 내겐 가슴 아픈 일이었다. 그래서 나는 조금이라도 부모님의 일손을 덜어드리기 위해, 내가 할 수 있는 일은 무엇이든 했다. 아버님이 시키지 않아도 알아서 소죽을 쑨다든지 나무를 해오는 것 등이 그것이었다. 어머님을 돕는 일도 마찬가지였다. 두 누님이 출가하기 전에는 누님들이 부엌살림을 도맡아 했지만, 작은 누님까지 결혼하고 나니 어머님 혼자 부엌일하시랴 들일하시랴 무척 힘들어 하셨다. 작은 누님은 내가 중학교 2학년 때 시집을 갔는데 그때부터 교복은 내가 직접 빨아서 입었다. 그리고 매주 주말이 되면 설거지는 말할 것도 없고 찬장에 있는 그릇까지 다 꺼내서 닦고 안방에서부터 윗방, 마당, 뒤뜰까지의 대청소 역시 내 몫이었다.

부모님을 도울 수 있는 일이 생기면 몸 사리지 않고 내가 먼저 발 벗고 나섰다. 그리고 부모님 말씀에는 언제나 "예!"라고 대답하려고 노력했다. 부모님 말씀에 순종하고, 모자라는 집안의 일손을 돕기 위하여 친구들과 품앗이, 보리 베기, 보내기논에 물을 대기 위하여 봇도랑을 내는 일, 피사리농작물에 섞여 자란 피를 뽑아내는 일를 다니곤 했다.

내 아버님은 전형적인 농사꾼으로, 96세를 일기로 돌아가실 때까지 건강하게 사셨다. 당신 스스로가 땀을 흘려 일한 만큼 정직하게 돌려받을 수 있는 농사꾼임을 늘 자랑스럽게 여기셨다. 또한 아버님은 경우에 어긋나지 않게 살라는 가르침을 말로만이 아닌 몸소 행동으로 보여주신, 성품이 올곧고 강직한 분이셨다. 그런 아버님이 계셨기에 나 역시 순수한 농사꾼의 아들이라는 사실에 자긍심을 갖고 살 수 있었다.

덕분에 나는 지금까지도 어디에 가든 누구에게나 '괴산촌놈'이라는 말을 서슴없이 한다. 그것은 아름다운 내 고향 괴산에 대한 애향심 덕분이기도 하지만, 내가 정직하게 일하고 정직하게 대가를 받는 순수한 농사꾼의 아들이라는 사실이 무엇보다 자랑스럽기 때문이다.

부모님이 남겨주신 두 권의 책

"책은 가장 조용하고 변함 없는 벗이다."
-찰스. W. 엘리엇-

"아버님 어머님이 각각 한 권씩, 두 권의 책을 저에게 남기셨습니다."

아버님은 96세를 일기로 돌아가셨다. 내가 어릴 때부터 "늘 경우에 맞게 살아라!"라고 가르치셨다. 사람의 도리를 다하라는 말씀이셨다. 물건을 외상으로 구매하시거나 술을 드시고도 남에게 싫은 소리 한 번 하지 않으셨다. 술도 음식이기 때문에 적당히 마셔야 하고 먹고 나면 기분이 좋아야 하고, 좋은 음식 먹고 싫은 소리 하는 것은 경우가 아니라고 하셨다. 나는 한 번도 아버님께서 술을 드시고 두루마기 자락에 흙 묻히신 걸 본 기억이 없다.

평소 아버님께서 가르쳐 주신 삶의 교훈은 현재 내 삶의 근간을 이루고 있다. 어떤 상황에서든 원칙을 지키고, 내 입장에서뿐만 아니라 상대의 입장에서도 경우에 어긋남이 없이 행동하기 위해 나는 지금도 피나는 노력을 하고 있다.

어머님은 75세에 돌아가셨다. 생전에 남에게 모진 소리 한 번 해보신 적이 없는 분이셨다. 농사일을 하다 보면 간혹 일꾼 문제나 논에 물 대는 것 때문에 이웃 간에도 감정이 상하거나 싸움이 일어나곤 하는데, 그때마다 어머님은 한결같이 "참아라. 참을 인忍 자 세 번을 쓰면 살인을 막는다 했다. 그러니 참고 또 참아라."라는 말씀을 입에 달고 사셨다.

1977년 칠성교회에서 찍은 부모님의 모습

아버님과 어머님이 한평생 살아오신 모습과 이 진실한 가르침은 두 권의 책이 되어, 내 인생의 자양분이 되어주었다. 이 세상의 그 어떤 책보다 내게는 가장 값지고 소중한 인생의 지침서인 셈이다. 나는 부모님이 돌아가신 후에도 두 분의 가르침을 잊지 않기 위해, 부모님 비석 위에 위의 문구를 그대로 새겨 넣었다.

지금 와서 생각해 보면 35년간 공직생활을 하는 동안 사회 각계각층의 사람들과 공고한 인간관계를 맺을 수 있던 것도, 우리 가족이 서로를 배려하며 화목하게 살아가는 것도, 모두 부모님의 가르침을 가슴속에 담고 살았기 때문일 것이다.

오늘날 나의 큰 자산이라고 할 수 있는 인적자원을 많이 가질 수 있었던 것 또한, 전적으로 경우에 어긋남 없이 참을성 있게 사람을 대할 수 있도록 가르쳐 주신 부모님의 공이라고 생각한다.

누군가 어느 현자에게 다음과 같이 물었다고 한다.

"당신은 어떻게 아무도 이의를 제기하지 않는 확고부동한 지도자로 인정받을 수 있었습니까?"

현자가 대답했다.

"저는 저보다 더 부족한 사람을 만난 적이 없습니다. 그래서 저는 제가 만나는 모든 사람을 존경하고 그들 앞에서 겸손하게 행동할 수 있었습니다. 저보다 나이 많은 사람을 만나면 오랜 세월 습득한 장점이 저보다 많으리라 생각합니다. 나이 어린 사람을 만나면 저보다 죄를 덜 지었으리라 생각합니다. 부유한 사람을 만나면 저보다 더 많이 베풀었으리라 생각하고, 가난한 사람을 만나면 그의 영혼이 저보다 더 겸손하리라 생각합니다."

나 역시 지금 이 순간에도 현자와 같은 마음으로 살기 위하여, 틈이 날 때마다 부모님이 남겨주신 두 권의 책을 들춰보면서 겸손하고 진실하게 살려고 노력하고 있다. 어제를 돌아보고 반성하면서, '오늘은 내가 사람들을 위해 무엇을 할 것인가? 그리고 내일은 내가 어떻게 해야 하는가?' 하는 생각들을 늘 머릿속에 갖고 생활하고 있다. 어떤 사람이든 진심으로 대하면 반드시 통하게 되어 있다는 사실을 나는 믿는다.

산막이 옛길

나용찬

나는 알아냈다
아름답다 소문난 곳을
떠나야만 만날 수 있었다

우리는 걷고 있다
아름다운 산막이 옛길을
가족과 친구와 이웃과 함께

모두들 취해 있다
괴산댐 맑은 물빛에
군자산 솔향기 산내음에

아, 아 머물고 싶어라
아름다운 괴산땅

언제나 누구든 찾아오면
큰 품으로 반겨 주리라

행복의 출발은 가정에서

"집을 짓기 위해서는 손이 필요하다.
가정을 이루기 위해서는 오직 마음이 필요하다."
-고금명문-

나는 초·중·고 시절 모두 학교종이 "땡" 하면 학교에서 집만 왔다 갔다 하는 비교적 모범생에 속했다. 농촌이라는 특성상 담배를 피우고 화투를 치는 일에 익숙한 친구들이 많았지만, 나는 한번도 화투를 쳐보지 않았고 담배도 피우지 않았다. 지금 생각해 보면 중학교 때부터 갖게 된 신앙의 힘이었던 것 같고, 그래서인지 어릴 때부터 나는 부모님께 걱정을 끼쳐드린 적이 없었던 것 같다. 부모님 역시 무조건 나를 믿어주셨고, 그러한 부모님의 무한한 신뢰는 내가 반듯하게 자라는 데 밑거름이 된 것이라 생각한다.

집안 식구들과 함께 찍은 아버님 회갑 기념사진

<가정신조>

마음은 넓고 참되게
말은 명쾌하고 공손하게
행동은 바르고 힘 있게
생활은 정직하고 보람 있게

부모님의 나에 대한 무한한 신뢰는 고등학교 2학년 때 내 몫의 재산을 물려주신 것만 봐도 알 수 있다. 그 덕분에 나는 남들보다 훨씬 이른 나이에, 내 땅이 얼마나 소중한 것인가를 체감할 수 있었다. 그만큼 고향에 대한 애착과 사랑이 커질 수밖에 없었다. '경우에 맞게 살라!'는 아버님의 가르침과 '참고 또 참아라!'는 어머님의 가르침은 내가 집을 떠나 사회에 나가서도 늘 내 가슴 한복판에 자리 잡고 있었다. 주저앉고 싶을 때마다 부모님의 말씀을 되새기며 한 번씩 더 힘을 냈고, 부모님께 부끄럽지 않은 아들이 되기 위하여 한 번씩 더 자신을 채찍질했다. 단 한순간도 부모님들의 믿음과 신뢰를 배신하기 싫어서였다.

어느덧 시간이 흘러 이제 내가 부모님의 자리에 서게 되었다. 이 자리에 서고 나서야 비로소 부모의 역할이 얼마나 중요한지를 깨달았다. 아이들이 자라면서 잘못하거나 속을 썩일 때면 나는 회초리를 들고 화를 내는 대신, 3남매를 한쪽으로 세워놓고 다 함께 우리 집 가훈인 〈가정신조〉를 외우게 했다. 그것이 훨씬 효과적이라고 생각했기 때문이다.

평소에도 나는 아이들에게 공부하라는 소리는 잘 하지 않았다. 바르게 크고 바르게 생활하는 것이 공부보다 우선이었기 때문이다. 다행히 아이들이 무척 잘 자라주었다. 아내의 공이 컸다.

가족사진 - 자녀, 손녀들과 함께

이제는 어엿한 성인이 되어 세 명 모두 자신의 자리를 잘 잡고 제 밥벌이하며 건강하게 살고 있으니, 부모로서는 그보다 고마운 일도 없다고 생각한다.

첫째인 딸은 도로교통 안전관리공단에, 사위는 서울대학병원에, 둘째인 장남은 삼성전자에, 셋째인 막내아들은 고양시청에 근무하고 있다. 열심히 살아가는 모습을 보며 항상 아내에게 감사함을 느낀다.

내 부모님이 그러하셨듯이 나 역시 이미 아이들에게 각자의 몫을 다 쥐어준 상태이다. 나와 아내는 앞으로도 아이들이 최선을 다했다고 스스로에게 칭찬하는 날을 많이 만들어 가기를 바란다. 매일매일 스스로를 칭찬할 수 있는 삶, 그것이 행복임을 잊지 않으면서 살자고 하였다.

“

핵가족 시대의 가정교육 지침

1. 가족의 서열을 인식케 하라.
2. 경솔하게 말하지 않게 하라.
3. 아침에 깨워 주지 마라.
4. 멀어도 걷게 하라.
5. 가족 사이에도 시간을 지켜라.
6. 숙제를 못 해도 부모는 거들지 마라.
7. 말씨는 엄격하게 다스려라.
8. 세상엔 법이 있다는 것을 가르쳐라.
9. 학교 성적으로 형제를 비교하지 마라.
10. 아이들의 방 정리를 돕지 마라.
11. 유원지보다 전원이나 고적지로 데려가라.
12. 버스 안에서는 서서 가게 하라.
13. 내 집 특유의 가풍을 세워라.
14. 남의 단점보다 장점을 말하게 하라.
15. TV프로를 바로 선택케 하라.
16. 용돈 사용 결과를 확인하라.
17. 관심을 보이는 것은 철저히 가르쳐 주어라.
18. 일을 시키되, 없으면 만들어 시켜라.

”

기도를 통해 꿈에서 엿본 미래

"주춧돌이 젖으면 우산을 준비하라(礎潤長傘)!"
-손자병법-

살다보니 자면서 꾼 꿈이 현실화되는 경우가 있어 무척 신기하게 느낀 적이 종종 있었다.

중요한 일을 앞두고 기도를 많이 하게 된다. 한번은 꿈에 초등학교 6학년 담임이셨던 김종관 선생님이 나타나셨다. 선생님께서는 내 손을 잡고 등을 툭툭 두드려 주시며 "열심히 해라. 다 잘될 거야."라고 덕담을 해주셨다. 그 이튿날 초급간부과정 교육과정 시험을 보는데 문제들이 왜 이렇게 쉬운지, 내가 다 아는 문제만 나온 듯했다. 그래서 만점인 최고점수를 받았다. 574명 교육생 중 1등을 했고 당시 일해재단에서 주는 100만원을 시상금으로 받았다.

승진시험을 앞두고도 신기한 꿈을 자주 꾸곤 했다. 어느 날 꿈속에서 시골마을에 집을 짓고 있었다. 집을 짓는 목재가 아주 맑고 깨끗했다. 목재가 얼마나 좋고 집도 얼마나 잘 짓는지, 무언가 이루어 낼 것 같은 느낌을 받기에 충분했다. 기분이 좋았다. 그 꿈을 꾸고 나서 승진시험에 합격하였고, 남보다 이른 나이에 승진을 하게 되었다.

또 한 번은 경위 승진시험을 볼 때도 그랬다. 북한산으로 등산을 갔다. 정상까지 올라갔는데 큼지막하고 두부모처럼 생긴 네모난 바위가 보였다. 바위를 보는 순간 '저기 한번 올라가볼까? 과연 올라갈 수 있을까?'라고 중얼거리며 손으로 바위를 잡아보았다. 그런데 마침 바위에 홈이 나 있는 곳을 잡고 올라가 단번에 정상에 설 수 있었다. 그 꿈을 꾸고 난 후 승진시험에서 수석을 차지하였다. 승진의 기회 때마다 기도를 통해 꿈을 꾸고 미래를 엿보게 하는 것 같았다.

2014년 경선을 치를 때에도 꿈을 꾸었다. 당시는 여론조사에서 1등을 할 정도로 여론이 무척 좋은 추세였다. 그런데 꿈에 경쟁후보가 내가 입으려던 황금색 용포를 몰래 가져갔다. 어떤 사람이 그 옷을 다시 찾아 왔으나 그 옷을 입어보지 못하고 잠에서 깼다. 자다가 벌떡 일어나 '이 꿈이 무슨 뜻이지….' 왠지 불길한 예감이 들었다. 그런데 정말 내가 공천을 받지 못하였다. 그러나 내가 입으려던 옷을 몰래 가져간 그 사람도 결국 선거에서 떨어지고 말았다.

지난 4·12 보궐선거에서 군수에 당선되었을 때도 꿈을 꾸었다. 크고 넓은 운동장 같은 곳에 둥그런 원형 강단이 놓여 있었다. 사람들이 어마어마하게 모여 있었다. 내가 강사로 초빙되어 강단에 오르게 되고 강연을 듣기 위해 사람들이 엄청나게 모인 것이다. 연단에 오르는 순간 열렬이 환호하는 함성소리가 울려 퍼졌다. 열심히 하라는 응답으로 받아들이며 "군민을 위해 반듯하게 일하겠습니다. 깨끗하게 일하겠습니다. 정스럽게 일하겠습니다. 열심히 일하겠습니다." 라고 외치는 소리에 군민 여러분은 응답해 주셨으며 어려움을 겪어내고 군수에 당선될 수 있었다.

- 사람이 재산이다
- 민원은 정성스레
- 진심을 전하는 편지
- 함께 소통하기 위하여
- 강단에 서다
- 행정사의 보람

4장

만남과 인연

사람이 재산이다

"외나무가 되려면 혼자 서라. 푸른 숲이 되려거든 함께 서라!"
-아프리카 격언-

나는 35년간 서울에서 공직생활하면서 사회 각계각층의 사람들과 만날 수 있었다. '사람이 재산'이라고 생각하는 나로서는 참으로 감사한 일이 아닐 수 없다. 그들과의 끈끈한 유대관계가 있었기에, 만남이라는 것이 일회성이나 우연이 아닌 평생을 가는 인연으로 맺어질 수 있었다. 그 덕분에 나는 지금까지도 폭넓은 인적자원을 확보하고 있다고 생각한다.

사람들과의 관계에 있어서 나는 무엇보다 '믿음'과 '진정성'을 생명처럼 여기는 사람이다. 그리고 한번 만나면 끝까지 가는 사람이지, 절대로 중간에 흐지부지되는 사람이 아니다. 자신이 마음을 다해 누군가를 대할 때 진정한 인간관계가 형성된다. 내게 어렵고 힘든 일이 생길 때마다 발 벗고 나서주는 지인들이 많아서 늘 고맙게 생각하고 있다.

오로지 괴산군민의 행복, 오로지 괴산 발전을 위해

그 밖에도 고향분들께 감사함을 느끼는 일이 많다. 내가 인천에서 근무할 때였다. 아버님이 96세 일기로 돌아가셨는데, 고향사람들을 비롯한 무척 많은 조문객이 다녀가셨다. 그 많은 분들이 다녀가셨던 이유는 소중히 여기는 사람의 슬픔을 함께 나누고 싶었기 때문이리라. 그분들의 진심 어린 마음을 새기며 다시 한 번 내가 더 잘해야겠다는 마음을 다짐하게 되었다. 나는 지금까지도 그 고마움을 마음 깊숙이 간직한 채 자랑스러운 고향 괴산을 더욱 사랑하며 살고 있다.

민원은 정성스레

"상대를 설득할 수 있는 최선의 방법은 그의 주장에 귀를 기울이는 것이다."
-딘 러스트-

서울에서 근무를 하다 보니 고향사람들에게 민원이 들어오는 경우도 꽤 있었다. 나에게 도움을 요청한다는 것은 어떻게 생각하면 나를 인정하는 것과 같은 것이다. 평소 잘 알고 지내는 공무원이 여러 사람 있을 텐데도 굳이 나에게 부탁하는 것은, 나를 인정하고 나에 대한 기대치가 높기 때문이라고 생각한다. 즉 내가 어떻게든 해결해 줄 것이라고 믿기 때문에 나에게 부탁을 하는 것이리라. 그런 면에서 나는 부탁받은 것이 아니라 선택받은 사람이었다.

그래서 더욱더 내게 도움을 요청하는 사람들을 절대 소홀히 대할 수 없었다. 그들 한 사람 한 사람에게 최대한 정성을 다하여 그들의 고민과 민원을 해결해 주려고 노력하였다. 나의 주요 업무는 진심으로 최선을 다해 각 민원의 해결방안을 찾도록 도와주는 것이며, 그 일에는 세심한 배려가 자리하고 있어야 한다고 생각한다.

때로는 새벽 두세 시에 집으로 전화가 걸려오는 경우도 있었다. 그럴 때에도 나는 택시를 타고 현장으로 달려가, 어떻게든 방법을 찾아 해결책을 마련해 주곤 했다. 이런 내 모습을 지켜보던 아내가 어느 날엔가는 우스갯소리로 말했다.

"당신은 괴산경찰인가요?"

어찌 되었든 내 도움이 필요한 사람들을 새벽이라고 해서 외면할 수는 없었다. 게다가 고향사람들이 아닌가. 그들이 어려울 때 도와주는 것은 당연한 일이라고 생각했다. 내가 조금 힘들어도 도움을 요청하는 이들을 외면하지 않는 것이 나의 도리요 의무라고 생각했다.

서울에서 농민의 날 행사 등 각종 행사가 열릴 때면 고향사람들이 버스를 다섯 대까지 대절하여 올라왔다. 재경 괴산군민회, 중 · 고 동문회 송년회 등이 있을 때도 오신 분들에겐 꼭 대접하곤 했다. 한번은 괴산학생들의 오케스트라 연주회가 세종문화회관 대강당에서 열렸다. 그때도 친구와 함께 피자를 들고

2000년 괴산군 기관장들과 함께 새천년맞이 타임캡슐을 넣고 있는 모습
(청천 화양동 청소년야영장)

찾아가 격려를 해주었다. 학생들을 내가 직접 찾아가서 희망과 용기, 괴산인에 대한 자긍심과 애향심을 심어주고 싶어서였다.

"서울 한복판에 있는 세종문화회관 대강당에서 여러분들이 연주를 할 수 있다는 것 자체가 대단한 것이다. 시골에 산다 해서 기죽지 말고 꿈과 희망을 가져라! 여러분은 무엇이든 다 할 수 있다."

자신감을 기르는 5가지 방법

1. 나에게는 훌륭한 인생을 구축할 능력이 있다. 그래서 나는 절대로 중도에서 그만두지 않는다.
2. 무엇이든지 내가 마음속으로 강렬히 원하는 것은 반드시 실현될 것이라고 확신한다. 그래서 매일 30분 이상씩 성취한 모습을 상상한다.
3. 나는 '자기암시'의 위대한 힘을 믿고 있다. 그래서 매일 10분간 정신을 통일하여 자신감을 기르기 위한 '자기암시'를 건다.
4. 나는 인생의 목표를 명확하게 종이에 쓴다. 다음은 한 걸음 한 걸음 자신감을 가지고 전진해 가는 것이다.
5. 정도正道에 따라 행동하지 않고는 부도 지위도 결코 오래가지 않는다. 그래서 이기적이거나 비열한 방법으로는 성공하지 않겠다.

– 나폴레온 힐 –

진심을 전하는 편지

"등 뒤로 불어오는 바람, 눈 앞에 빛나는 태양. 옆에서
함께 가는 친구만큼 좋은 건 없다."
-에런 더글러스 트림블-

2012년 6월 괴산군청 민병구 개발실장이 명예퇴임식을 한다는 연락이 와서 휴가를 내고 친구들과 퇴임식에 참석하였다. 동료직원들이 정성으로 마련한 행사였다. 임각수 군수님이 축사를 하시던 중 갑자기 나를 부르시며 퇴임하는 친구를 위해 멀리서 왔으니 덕담을 하라고 하셨다. 특별히 군수 축사시간을 내주는 것이라고 하셨다. 나는 그 자리에서 짧은 덕담을 친구에게 전하였다.

정년퇴임하는 친구에게!

먼저 저의 소중한 친구 민병구 실장과 최준환 과장님의

정년퇴임을 축하드립니다.

또한 본 행사를 준비해 주신 행정과 직원 여러분께도 감사드립니다.

그리고 바쁘신 데도 불구하고 이 자리에 함께하여 주신 괴산군민 여러분!

또한 군민들의 삶의 질 향상과 복지 창조를 위해 수고하시는 괴산군청 공무원 여러분!

그리고 의회 위원님들을 뵙게 되어 영광스럽게 생각합니다.

저는 오늘, 37년간 어렵고 조심스러운 공직생활을 훌륭하게 마치고 떠나는 민병구 실장과 최준환 과장에게 정말로 자랑스럽다, 참 잘했다는 인사를 드립니다.

돌이켜보면 친구가 머물던 자리, 그 자리는 바로 꽃자리였으며

또한 이제껏 먹어온 밥은 밥 중에서 가장 맛있는

밥이었다고 생각합니다.

혹시 여러분 중에 가장 맛있는 밥이 어떤 밥인 줄 아는 분이 계시나요?

저는 나라 국國 자 국밥이라고 생각합니다. 즉 국가가 주는 밥입니다.

친구야! 이제는 친구가 먹어야 할 밥이 국밥이 아닌 찬밥이라 하더라도

또한 친구가 앉은 자리가 꽃자리가 아닌 가시방석이라 하더라도

욕심과 미련을 내려놓고 여유로움과 지혜, 나눔과 배려,
이웃에 대한 관심과 사랑을 가지고 살아간다면
친구가 머무는 자리는 빛나는 반석이 될 것이며
비록 찬밥이라 할지라도 고기국밥보다 더 맛있는 밥이 될 것이라 생각합니다.

우리 인생을 3막으로 나눈다면 제1막은 성장과정이요,
제2막은 직장 잡고 결혼하고 가정을 돌보며 정년퇴직할 때까지 열심히 일하는 기간이라고 합니다.

앞으로 펼쳐질 제3막 남은 인생은 사랑하는 부인 박정자 여사와 함종식 여사님을 위해
밥도 하고, 빨래도 하고, 청소도 하고, 때로는 목욕도 시켜주는
즉 부인과 이웃을 도와주며 살아가는 아름다운 생활이 되길 기대합니다.
여러분께서도 그럴 것이라 믿고 기대하신다면 뜨거운 박수를 보내주십시오.

다시 한 번 친구 민병구 실장과 최준환 과장님의 정년퇴임을 축하하며
함께하신 여러분들의 앞날에 건강과 행복이 충만하길 기원합니다.
고맙습니다.

2012년 민병구, 최준환 씨 퇴임식 축사

나는 다른 어떤 이야기보다, '진정성 있고 성실하다'는 얘기를 더 많이 듣고 싶다. 내가 무척 좋아하는 말 중에 '진국'이란 말이 있다. 거짓이 없이 참된 사람을 일컫는 말인데, 나는 이 말을 더 많이 더 자주 듣고 싶다.

그러기 위해 나와 한번 인연을 맺은 사람들의 애경사에는 빠지지 않고 가려고 노력한다. 만약 부득이하게 빠지게 될 때에는 꼭 자필로 편지를 써서 보내드린다. 그러고 보면 편지야말로 내가 인적자원을 모으는 데 일등공신이었던 셈이다. 편지에는 말로는 미처 다 전할 수 없는 진심들을 한 자 한 자 꾹꾹 눌러 담을 수 있다. 게다가 일회성이 아니어서 두고두고 그 감정을 느끼게 할 수 있다. 요즘처럼 자판 몇 개만 눌러도 1초도 안 돼 문자가 전송되는 스마트폰 시대에, 내가 굳이 자필로 편지를 보내드리는 이유는 그것이 나의 마음을 가장 잘 표현하는 것이라고 믿기 때문이다. 또한 내가 당신을 절대 잊지 않고 있다는 성의를 상대에게 보일 수 있는 가장 좋은 수단이기 때문이다.

함께 소통하기 위하여

"잘 경청하라. 당신의 귀는 당신을 곤란에 빠뜨리지 않을 것이다."
-프랭크 타이거-

누군가 물었다. "당신은 고향 하면 어떤 것이 제일 먼저 떠오르는가?" 마당에 모깃불 피워놓고 멍석 위에 둘러앉아 올갱이 빼 먹으며 도란도란 이야기하다 엄마가 건네준 감자와 옥수수를 나눠 먹으며 밤하늘의 별을 세던 그 시절, 그곳이 바로 나의 고향 괴산이다.

평소에도 계절마다 바뀌는 농사일들이 떠올라 나는 사계절 내내 고향을 생각했다. '지금쯤은 모내기를 할 텐데…', '지금쯤은 담배를 딸 텐데…', '지금쯤은 고추를 수확할 텐데…', '지금쯤은 벼 타작을 할 텐데….' 사시사철 비가 오든 가뭄이 들든 고향을 생각하면 늘 걱정이 앞선다.

특히 부모님이 살아계셨을 때는 더했다. 연세가 많으신데 농

사거리는 줄지 않으니, 혹시라도 너무 무리하시는 건 아닌지 늘 노심초사할 수밖에 없었다. 비가 와도 걱정, 바람이 불어도 걱정, 눈이 와도 걱정…. 그때그때마다 걱정을 참으로 많이 했었다. 그래서 나는 틈만 나면 시골집으로 달려가 부모님과 함께하려고 노력하였다.

35년간 공직생활을 하는 동안에도 여름휴가만큼은 꼭 고향에 내려가서 보냈다. 정말 단 한 해도 거르지 않았다. 휴가차 타 지역 휴양지를 가게 되어도 하루 이틀 머물고 고향으로 다시 돌아와 나머지 휴가를 보낼 정도였다. 정식 휴가를 받게 되

면 고향집에서만 내내 있다 가는 경우가 더 많았다. 남들은 뭐 그렇게까지 하냐곤 하지만, 나는 그것이 내 의무요 도리라고 생각했다. 고향에는 부모님이 계셨고, 아이들에게도 서로 얼굴을 자주 봄으로써 할아버지, 할머니와의 친밀도를 높여주고 싶었다.

사실 여름휴가는 내게 있어 휴가 아닌 '농사일 돕기'였다. 타지에서 생활하는 동안 농사일을 못 도와드린 것이 늘 마음에 걸렸기 때문에, 휴가라고 해서 마음 편히 쉴 수 없었다. 풀베기를 한다든지 밭에 가서 고추나 오이를 딴다든지, 시골에서 내가 도울 수 있는 일은 참 많았다.

서울에 처음 올라가서 생활할 때부터 꿈이 한 가지 생겼었다. 서울시내 어디를 가든 좋은 것들을 보면 내 고향 괴산에 옮겨 놓고 싶다는 생각이었다. 어머님과 아버님이 사시는 곳이며, 내가 태어나 살았던 괴산이야말로 나를 성장시켜 준 밑거름이었기 때문이다.

내게는 35년의 공직생활을 하며 중앙부처에서 펼쳐놓은 수많은 인맥과 대학원 석·박사 과정을 통해 넓혀놓은 인맥이 다양하게 있었기 때문에, 그분들과 함께라면 괴산의 발전을 도모할 수 있으리라는 확신이 들었다. 그동안 내가 배우고 익히는 학업의 현장에서 맺은 인연들과 인사업무를 수행하면서 관련부처와 끈끈하게 맺은 인간관계는 내가 가지고 있는 가장 큰 자산일 것이다.

그 후부터 나는 언제나 고향사람들과 '함께' '소통'하면서 그동안 꿈꾸어 왔던 간절한 소망을 차근차근 이루기 위해 노력하였다. 진정 괴산의 군민이 원하는 것이 무엇인지 끊임없이 탐구하며, 더 나아가 우리 군민이 행복하고 신바람 나는 괴산을 만들겠다는 일념으로 지금 이 순간에도 하루하루 최선을 다하고 있다.

나는 고향 땅인 괴산을 떠나 서울로 상경할 때 스스로에게 약속한 것이 있다. '내가 퇴직을 하게 되면 바로 그 이튿날 고향으로 내려오리라!' 하는 것이었다. 그리고 실제로 퇴직한 다음날 괴산에 내려옴으로써, 나는 자신과의 약속을 지켜냈다.

괴산에 내려와서 제일 먼저 한 일은 괴산군 감물면 이담리에 위치한 계담서원桂潭書院에 입교한 일이었다. 계담서원은 예절, 지역 문화, 고유생활풍습 교육의 산실이었다. 나는 접장반장을 맡게 되었고 5개월간 그곳에서 한학, 제례, 붓글씨 등의 전통 교육과정을 이수하였다. 바쁘게만 달려왔던 지난날을 잠시 내려놓고, 고향 괴산의 정취를 마음껏 느낄 수 있는 뜻깊고 소중한 시간이었다.

이른 아침 대티리 주민을 찾아

강단에 서다

"성을 쌓고 사는 자는 반드시 망할 것이며
끊임없이 이동하는 자만이 영원히 살아남을 것이다."
-돌궐의 명장 톤유쿠크-

내가 처음 강단에 서게 된 것은 2012년이었다. 동국대학교에서 강의하고 있는 친구를 통하여 강의요청이 들어온 것이다. 숭실사이버대학교에서 현직 경찰공무원 중 인사업무와 채용업무에 정통한 사람을 찾고 있다는 것이었다. 현직에 몸담고 있었기 때문에 다소 부담스럽기도 했지만, 나는 용기를 내어 수락하고 외래교수로 출강하게 되었다.

사이버대학교에서는 1회 75분 강의를 했다. 분량이 많아 두세 번에 나눠 녹화를 해야만 했다. 생각 외로 녹록하지 않은 일이었다. 목소리는 갈라졌고 업무와 병행하다 보니 늘 시간에 쫓겼다. 그러나 일단 결정을 내린 이상 되돌릴 수 없는 일이었다.

나는 최선을 다하여 학생들에게 좀 더 생동감 있는 강의를 하고자 노력했다. 다행히 실무과목의 강의였기 때문에, 현장업무에서 경험한 것들을 누구보다 생생하게 전달할 수 있었다. 그 덕분에 학생들로부터 뜨거운 호응을 불러일으킬 수 있었다. 그때 나에게 수업을 들었던 학생들이 아직도 연락을 해오고 있다. 경찰관은 물론이고 군인, 교도관 등이 된 학생들도 많다. 유난히 정이 많이 가는 학생들이다.

현직에 있을 때 여러 대학교에서 강의요청을 받았는데, 괴산에 위치한 중원대학교도 그중 한 곳이었다. 중원대 경찰행정학과 한형서 교수님으로부터 "어떻게 하면 중원대 학생들이 경찰관이 될 수 있는가?"라는 주제로 특강을 해달라는 요청을 받았다. 서울까지 나를 찾아오신 것이다. 중원대 교수로 추천하기 위해 대단한 정성을 보여준 것이다. 〈경찰관의 길〉이라는 제목으로 100분간 특강을 하였다. 이때 학생들은 물론이고 교수님들에게서도 큰 호응을 얻었다. 이후 중원대학교에서 겸임교수로 임명을 받고 1년간 경찰행정학과 3, 4학년 학생을 대상으로 실무강의를 하였다.

나는 강의뿐만 아니라 국립과학수사연구소의 부검현장과 과학수사의 체험학습, 경찰청 감식 현장과 교통관제센터 등을 방문하여 1일 현장체험을 실시함으로써 학생들에게 산교육을 시키고자 노력했다. 이밖에도 학생들에게 노인복지회관, 장애시설,

절임배추 현장 등에서 봉사활동을 할 수 있는 기회를 제공하여, 괴산의 문화정신을 익히게 하고 살기 좋은 괴산이라는 것을 학생들 스스로가 인지할 수 있게 도와주었다.

그리고 무엇보다 학생들의 당면과제인 '어떻게 공부하면 경찰관이 되는지?'에 대하여 구체적 방법을 가르쳐 주었다. 경찰관 채용시험의 절차와 방법, 출제경향, 체력, 면접에 관한 사항 등을 알려주고, 방학 때에는 서울 노량진에 있는 공무원 채용관련 학원에 다니게 하여 공무원 채용정보 및 공부 방법 등에 도움을 주었다. 그 결과 경찰행정학과를 졸업한 학생과 3학년 재학 중인 학생이 경찰관시험에 최종합격하는 영광스런 결과를 얻을 수 있었다.

중원대학교 경찰행정학과 학생 국과수 현장체험

이후에는 수안보에 있는 국립 중앙경찰학교 외래교수로 임용되어 국민을 섬기는 대인관계의 중요성을 강조하며 신바람 나게 강의하였다.

“

현명한 삶을 사는 8가지 방법

1. 늘 열심히 일하라.
2. 절대 화내지 말라.
3. 절대로 사람을 차별하지 말라. 그리고 그들을 속단하지 말라. 항상 사람은 좋다고 간주하라.
4. 일이 어려울 때 관대한 사람이 아니라면 일이 쉬울 때에도 관대한 사람이 될 수 없다.
5. 자신감을 최대로 강화시키는 것은 다른 모든 일을 해낼 수 있다는 것이다.
6. 자신감이 생기면 겸손하라. 사람은 장점뿐 아니라 약점도 가지고 있다.
7. 진실로 쓸모 있는 사람이 되는 길은 다른 사람들로부터 도움을 주고받는 것이다.
8. 싸움이 벌어지는 원인 대부분이 오해 때문이라는 사실을 명심하라.

– 골던 딘 –

”

행정사의 보람

“꽃이 한 송이 핀 것으로 봄이 온 것은 아니다.
온갖 꽃이 함께 피어야 진정한 봄이다.”
-고금현문-

2012년 10월 31일 35년간의 공직 생활을 마감하고 그 이튿날 괴산에 내려왔다. 그러고는 공무원 출신 10명과 함께 주성프라자 3층에 ‘괴산제일행정사연합회’ 사무실을 차렸다. 그들은 모두가 연금을 받고 있는 사람들이었다. 연금이란 현직에 있는 동안 고생했기 때문에 주는 후생복지이기도 하지만, 현직에 있을 때 배우고 익힌 전문지식과 실무능력을 활용하여 퇴직 후에도 이웃에 어려운 민원이 발생했을 때 그들을 도와주라는 봉사적 측면의 의미도 있다고 생각했다. 그러므로 우리가 힘을 합쳐 사랑방 같은 행정사 사무실을 차려서 민원인들에게 봉사해 보는 것이 어떻겠느냐고 제안하여 만든 것이다.

다행히 모두 뜻이 맞아 군청 내무공무원 출신과 경찰공무원 출신들로 구성된 10명이 행정사사무실을 마련하게 된 것이다. 행정업무 외에 법률자문을 구하기 위해서는 변호사의 힘도 필요하기에 6명의 변호사와 MOU업무협약를 체결하여, 변호사의 조력이 필요할 때는 언제든 협조를 받을 수 있는 시스템을 구축하였다.

우선 다문화가정과 농촌지역, 저소득층 주민의 행정업무를 대행하고, 생활법률을 무료로 상담해 주는 일을 시작하였다. 민·형사상, 피해자 구제 등 법과 행정에 대해 잘 모르는 사람들의 어려움을 덜어주기 위해서였다. 나는 이 무렵 괴산제일행정사연합회 일을 할 때 조금이라도 괴산군민들에게 도움을 드리기 위하여 그야말로 발로 뛰어다녔다. 그중 몇 가지 기억에 남는 사건들을 소개한다.

사람이 크게 다치고 차량이 폐차될 정도로 큰 교통사고가 났는데 보험에 들지 않아 합의를 꼭 해야만 되는 사건이 발생하였다. 가해자는 피해자가 입원해 있는 병원에 찾아가 문병하고 대화를 나누다가 서로 감정이 상하는 이야기까지 하게 되었다고 한다. 합의는 해야 하는데 아무리 생각해도 어찌해야 할 방법이 없다며 도움을 요청해 온 사건이었다. 어떻게 하면 되는

지 해결해 달라는 것이었다.

나는 피해자가 입원해 있는 청주 혜성병원으로 피해자를 찾아가서 문병하고 대화를 나누어 보았다. 워낙에 큰 사고라서 몸이 많이 아픈데 가해자가 찾아와 마음까지 아프게 하고 갔다는 것이었다. 가해자를 대신하여 사과한다고 했지만 받아주지 않았다. 하는 수 없이 서울로 되돌아갔다. 일주일 후 다시 병원으로 피해자를 찾아가 치료가 잘되고 있는지 문병한 후 가해자와의 관계를 설명하고 가해자가 참 나쁜 사람이라며 피해자 편에서 이야기를 많이 나누었다. 약3시간 동안 이야기를 나누다 보니 피해자가 하는 말이 “그 사람도 운이 나빠서 사고가 난 것이다.”라고 하였다. 그래서 피해자 마음이 풀린 것 같아서 합의를 했으면 좋겠다고 하였더니 “사람을 이 지경으로 만들어 놓고 무슨 돈 애기를 하느냐”며 다시 화를 내는 바람에 병원 문을 나서야만 했다. 3일 후 병원을 또 찾아가서 문병한 후 세상이야기만 하고 다른 이야기는 한 마디도 하지 않고 돌아왔다.

그 후 10여 일이 지나도 피해자에게 연락도 하지 않고 찾아가지도 않았다. 그랬더니 피해자에게 전화가 온 것이다. 어찌해서 병원에 오지 않느냐는 것이었다. 병원에 가보니 미안하기만 하고 가해자는 합의할 돈도 없는 사람이라서 갈 수가 없다고 말한 후 미안하다며 전화를 끊었다. 그 이튿날 병원으로 찾아갔더니 피해자가 반가워하는 것이었다. 나용찬 씨는 사고를 낸 가해자도 아니면서 병원에 정성으로 찾아오고 진실되게 이야기를 해주어 고마운 사람이라면서 사건의 합의 문제를 풀기 시작했다. 이야기를 나누다가 청주에서 서울로 가는 고속버스가 끊겨 청주 고속버스터미널 내 찜질방에서 선잠을 자기도 하였다. 피해자와 대화하여 결국 2주 만에 치료비에 미치지 못하는 아주 적은 금액에 합의를 하고 사건을 마무리 지었다.

또 한 건은 한 농민이 여주에 인삼 심을 밭을 임대했는데 그 마을 사람이 기획부동산으로 쪼개져 있는 땅을 마치 자기 땅인 양 속여 임대료를 받아먹었다고 하였다. 나중에 확인해 보니 여러 사람의 공동소유라서 소유자 전원의 동의서를 받아야만 인삼을 심을 수 있는 상황이었다. 한 술 더 떠 인삼을 심기는커녕 임대료 6천만 원까지 떼어먹힌 상태였다. 나는 이 사건을 해결하기 위하여 내용증명을 보내는 등 다방면으로 노력한 끝에 결국 피해농민에게 임대료를 돌려주게 하였다.

임대계약과 관련된 사건 중 자녀들 이름으로 전세를 얻어 주었는데 집주인과 감정싸움이 벌어져서 이사를 못 나오게 된 경우도 있었다. 이때에도 변호사, 법무사와의 업무조력을 통해 이사를 나올 수 있게 해결해 주었다.

또 집단 귀촌단지에 관리처분을 하지 않아서 문제가 야기된 마을에 법률 및 행정자문을 해주어 집단민원을 해소할 수 있는 방안을 제시해 주었고, 한국자산관리공사 소유의 땅을 인근 경작자가 살 수 있도록 행정적 방법을 제시하여 재산형성을 할 수 있도록 도와주었다.

이렇듯 행정사를 하는 동안 무척 보람을 느꼈다. 괴산의 행정사들과 함께 나눔과 보탬을 통해 '오늘보다 더 좋은 괴산'을 만들어 가자고 하였으며, 행정서비스 지원과 생활법률 상담을 통해 괴산 주민들을 행복하게 해드리기 위하여 뜻을 모았다.

조정자의 역할

괴산은 벽초 홍명희 문학비 건립 이후 문인단체와 보훈단체 간에 대립이 늘 상존하고 있었다. 2000년에 이어 2013년에도 보훈단체와 문학단체의 충돌이 재현되었다. 이번에도 벽초 홍명희 문학제를 괴산에서 열려고 하는데 보훈단체들이 반대하고 나섰다. 문학제를 괴산에서 왜 하느냐며 보훈단체 회원 100여 명은 머리띠와 어깨띠를 두르고 괴산문화예술회관 앞에 나와 결사반대를 하며 시위 전열태세를 갖추고 있었다. 왜냐하면 벽초 홍명희에 대한 문학성만 강조할 뿐 사상성에 대해서는 한마디의 언급도 없어 그냥 두고 볼 수 없다는 주장이다. 그럼에

벽초 홍명희 문학제 관련 보훈단체와의 갈등 조정

도 문학인들은 예정대로 문학제를 진행하겠다고 하여 충돌이 예상되는 상황이었다.

이번에도 양측을 설득시킬 중재자가 필요한데 1999년도에 문학단체와 보훈단체 간 제월대에 세워진 벽초 홍명희 문학비 철거문제로 있었던 심한 갈등을 조정한 바 있어 나에게 또 중재하여 달라는 요청이 있었다. 내가 또 그 역할을 맡아야만 했다.

나는 양측에 중재안을 제시하였다. 벽초 홍명희 문학제를 주관하고 있는 책임자를 만나 그동안 문학단체가 보훈가족에 대한 고통과 슬픔을 헤아리지 못한 부분에 대하여 사과할 것을 주문했다. 주최 측은 보훈가족의 아픔을 인식하지 못하고 일방적으로 문학제를 추진하게 된 경위에 대하여 보훈가족에게 사과하게 되었다. 이외에도 여러 문제가 있었지만 양측의 양보와 배려로 '2013 벽초 홍명희 문학제'가 개최될 수 있게 합의되었다. 벽초 홍명희 문학제 저지를 위해 차가운 돌계단에 앉아 시위를 하던 원호가족들은 다소나마 위로의 인사를 받고 집으로 돌아갈 수 있었다.

"

강력한 힘을 주는 10가지 감정

1. 사랑과 온정
2. 감사하는 마음
3. 호기심
4. 열정
5. 결단력
6. 유연성
7. 자신감
8. 명랑함
9. 활력
10. 베푸는 마음

"

- 문화공간, 작은 한 걸음
- 괴산군수 출마 결심
- 더 좋은 내일의 희망,
  괴산군수로서의 힘찬 행보

5장

더 좋은 내일의 희망

문화공간,
작은
한 걸음

"세상이 변했으니 나도 생각을 바꾼다
(When the facts change, I change my mind)."
-존 메이너드 케인스-

35년의 공직생활을 마치고 고향으로 돌아와 나는 미약하지만 한 걸음 한 걸음 괴산의 발전을 도모하는 일에 앞장서 왔다. 누가 알아주든 아니던, 그것이 괴산에서 나고 자란 나의 책임이며 의무라는 신념 때문이었다.

한운사 기념관

2013년 6월 14일 괴산 청안 출신 고(故) 한운사 선생님의 기념관이 청안면 읍내리에 건립되었다. 개관식에는 극작가 신봉승, 김수현, 국민배우 송재호 선생 등 방송계, 학계에서 크게 활약하고 계신 많은 분들이 참석하였다.

고 한운사 선생님은 생전에 김경식 시인, 윤승진 변호사, 최창환 장수돌침대 사장, 김기문 중소기업중앙회장, 최석주 하나투어 사장, 그림을 전공한 괴산의 후배들과 소주잔을 기울이며 우리 후배들에게 많은 이야기를 들려주셨다. 특히 선생님은 나에게 대히트작인 〈빨간 마후라〉, 〈아낌없이 주련다〉, 〈남과 북〉, 〈현해탄은 알고 있다〉 등등의 시나리오를 쓰게 된 배경과 영화로 나온 과정에 대하여 말씀을 재미있게 들려주곤 하셨다. 그때 캠코더로 찍은 동영상을 다시 보며 자랑스러운 괴산인임을 가슴에 새긴다.

한운사 선생님 기념관 개관, 김수현 작가와 함께

감물면 감자축제

2013년 6월 15일 토요일, 감물면에서 감자축제가 열렸다. 다음날 요즘 일손이 부족하다는 선배님의 이야기를 듣고, 지인들과 함께 감자 캐는 일을 도왔다. 감자 캐기는 경운기가 하고 나는 감자를 선별해서 포장하는 일을 하였다. 날씨가 무척 더워 땀을 많이 흘렸지만, 수확의 기쁨은 크고 좋았다.

감자캐기 봉사

한편으로는 아쉬웠던 점도 있었다. 젊은 사람과 함께하는 농촌, 일한 만큼 보상받는 농촌이 되어야 하는데 시골에서 농사짓는 분들은 나이가 점점 많아져 일하시기 힘들고 일꾼 구하기도 어렵다고 하였다. 농촌 인력 확보가 가장 큰 문제이며 안정된 가격으로 농산물을 판매하여야 할 것이다.

국제보훈워크숍

2013년 9월 5일, 정전 60주년 기념행사로 '2013 국제보훈

국회 헌정기념관에서 개최한 2013 국제보훈워크숍

워크숍'이 국회헌정기념관에서 열렸다. 국회의원, 국내 보훈정책 담당자와 대학교수, 미국·독일·호주·캐나다·뉴질랜드 등 외국에서 온 정책담당자를 포함하여 약 500여 명이 참석하였으며 국가별 보훈정책 발전방안에 대한 정보를 교류하는 뜻깊은 자리였다.

유영옥 교수의 사회로 진행된 워크숍에서 나는 토론자로 나가 "현재 우리나라는 산업화도 이루었고 민주화도 이루었다. 이제는 국가를 위해 몸 바치신 분들을 위한 보훈정책을 획기적으로 개선하여 애국심을 더 높여야 한다."라고 주장하며 보훈정책의 새로운 방향을 제시하였다.

괴산 시골절임배추

2013년 11월 10일 이동필 농림식품부 장관님이 괴산군 장연면 절임배추 농가를 방문하셨다. 농림식품부에 국장으로 근무하고 있는 대학 동문이 전화를 주었다. 장관님께 내가 농촌의 현실적인 이야기를 해드렸으면 좋겠다는 제안이었다.

장관님을 만나 뵈었다. 이 자리에서 나는 장관님에게 괴산에는 명품감자와 대학찰옥수수, 청결고추, 인삼, 수박, 사과, 곶감 등의 채소원예 및 소, 돼지, 닭 등 축산업에 이르기까지 농민들의 열정이 대단하다는 이야기를 해드렸다. 특히 전국에서 제일 먼저 시작한 괴산 시골절임배추를 설명하면서, 도시의 주부들에게 편리하고 맛있는 절임배추를 제공하여 김장의 문화를 바꾸어 놓았다는 이야기를 곁들였다. 그리고 농자재 값과

이동필 농림축산식품부 장관님과 절임배추 농가방문

인건비가 많이 오르고 배추작황이 좋지 않아 가격인상이 불가피함에도, 소비자들의 가계비 부담을 덜고 괴산홍보를 위해 절임배추 값을 전년도와 같은 값으로 동결하였다고 말씀드렸다.

보통 11월 한 달 동안 절임배추 일을 하고 난 농민들은 병원에 다니며 허리, 관절 등의 치료를 받아야 할 정도이다. 나는 이 자리에서 이동필 장관님께 "언론에서 배추작황을 보도할 때 어려운 농민들의 실상도 함께 보도하도록 정부에서 협조해 주었으면 좋겠습니다."라고 부탁드렸다. 이에 장관님도 공감하시며 대학찰옥수수 시식을 하고 가셨다.

다음 일정으로 이동필 장관님, 경대수 국회의원과 함께 불정농협으로 이동하였다. 불정농협 남무현 조합장에게 콩 수확 기계화 실태와 콩 분류 및 저장시설, 감자수매 저장현황에 대한 설명을 들으며 농민을 위한 농협 운영현장을 돌아보았다.

어느덧 점심때가 되어 손두부와 막걸리를 곁들여 두부찌개로 점심식사를 하였다. 뒤이어 흙살림연구소에 들러 이태근 회장의 종자보관 및 연구재배에 대한 설명을 듣고 난 후 생태연구 현장을 돌아보았다. 농촌의 실상과 종자보존과 개량, 유기농산업에 대해 많은 것을 느끼며 배울 수 있었다. 괴산의 농촌실태를 돌아보고 떠나시는 이동필 장관님께서 내게 "참 좋은 곳에서 태어나셨습니다. 농민들의 어려움을 덜어주는 데 앞장

이동필 장관님, 경대수 국회의원 등과 함께 불정농협 운영현장 방문

서 주세요."라고 말씀하시며 차에 오르셨다.

대한민국호국특별대상 수상

2014년 10월 4일, 서울 여의도에 있는 국회헌정기념관에서 제2회 대한민국호국대상 시상식이 열렸다. 그 자리에서 임각수 괴산군수님은 호국특별상을 수상하였고 나는 호국특별대상을 수상하였다.

임각수 군수님은 지역발전에 도움을 주는 국립 괴산호국원을 부단한 노력 끝에 유치한 공로로 수상하였으며, 나는 한국보훈학회 총무이사로 활동하면서 "박근혜 정부의 보훈정책 방향 어디로 갈 것인가?", "생애주기별 나라사랑교육 실천방안"

등의 국가보훈 정책에 대한 학술세미나를 개최하고 연간 4회씩 〈논총〉을 발행하여 국가보훈정책 발전방안 제시와 명예로운 보훈의식 함양을 위해 기여한 공로를 인정받아 수상하게 되었다.

대한민국호국대상은 대한민국이 당당한 선진국으로 나아가기 위하여 법과 원칙, 정의를 실현하는 육·해·공 군인과 경찰, 소방, 공무원, 문학인, 일반인 등 사회 선도계층의 다양한 분야에서 많은 공적을 쌓은 분들을 선발하여 시상하는 행사였다.

시상식에는 괴산의 주요 단체장 등 40여 명이 참석하였으며 '2015 괴산 세계유기농산업엑스포' 개최에 대한 홍보를 실시하는 등 국회에서 마치 괴산인을 위한 축제가 열린 날 같아서, 다시 한 번 괴산인으로서의 자긍심을 깨닫는 뜻깊은 자리였다.

국회헌정기념관에서 개최된 제2회 대한민국
호국대상 시상식에서 대한민국호국특별대상 수상

괴산군수 출마 결심

"아는 것만으로는 충분하지 않다. 이를 적용해야 한다.
의지만으로는 충분하지 않다. 이를 실천에 옮겨야 한다."
-괴테-

서울에서의 생활을 마치고 괴산으로 다시 돌아왔을 때 시골집에 가니 부모님 생각이 무척 많이 났다.

어릴 적 우리 집에는 손님들이 많이 오셨다. 아버님 친구 분들이 오시면 보통 막걸리를 내오는데 아버님은 친구 분들이 계신 자리에서는 어머님께 꼭 존칭어를 붙이며 "여보, 막걸리 좀 갖다 주시오." 하셨다. 이런 모습을 보고 자랐기 때문에 내가 서울에 가서 아이들을 키울 때도 애들 보는 데서는 아내에게 존칭어를 사용하였다. 그만큼 어릴 때 보고 배운 것이 중요하다. 부모님에게 받은 교훈은 어린 자녀들이 성장하면서 더 크게 효과가 나타나는 것 같다.

사실 공직에서 물러나 괴산으로 돌아온 직후에는 바뀐 환경에 적응하기 쉽지 않았다. 공직생활과는 다르게 하루 일과가 무척 불균형하고 무의미하게 느껴졌다. 옛날에 모시고 있던 상사가 제주도 관선시대 마지막 지사를 지내고 제주도에서 국회의원에 출마했었는데, 그때 내가 그분의 통장이며 도장, 재산관리를 해주었다. 그 일 때문에 제주도로 가서 자주 만나 뵈었는데 그때 지사님께서는 "현직 공무원이 얼마나 막강한지 이제야 깨달았다. 지사를 하다 그만두고, 경찰총장을 하다가 그만뒀어도, 지금 현직 순경만도 못하다."라고 하셨다. 나 역시 괴산으로 돌아온 후 똑같은 느낌을 갖게 되었다. 현직에 있을 때 국가가 나에게 부여해 준 그 위치와 대우는 실로 어마어마한 것이었다. 물러나고 나서야 정부에 감사함을 더 느끼게 되었다.

군수 출마선언– 농업인이 살아야 괴산이 산다

앞에서도 잠시 언급하였듯이 나는 서울에서 35년간 공직생활을 하는 동안에도 언젠가는 꼭 괴산의 발전과 괴산군민들의 행복한 삶을 위해 일익을 담당해야겠다는 마음을 갖고 있었다. 그러나 처음부터 군수가 되겠다는 마음을 먹은 것은 아니었다.

내가 아주 조금이나마 마음을 가지게 된 동기는 당시 김종호 내무부장관 집에 갔을 때 거기에 일하는 분이 내 사주팔자를 보고 '고을 원님'이 될 사람이라고 말하면서부터였다. 그때는 지방자치 선출직이 없을 때라 불가능한 일이라고만 생각했다. 단지 어떤 일을 하든 열심히 하면 좋은 결과를 얻을 수 있을 거라는 생각을 가졌다. 하지만 지금에 와서 생각해보면, 그때 그분이 하신 말씀이 뇌리에 남아 지방자치시대를 맞이하면서 내 마음속에 조그마한 불씨를 지핀 게 아닌가 하는 생각이 든다.

두 번째 동기는 2010년 서울에서 열린 재경중 · 고 동문회 축하연에서였다. 임각수 군수님의 재선 축하연 자리였다. 임 군수님이 갑자기 "두 번만 하고 안 하겠다. 세 번은 안 하겠다. 대신 괴산에 뼈를 묻고 살겠다."는 발언을 하셨다. 그 말이 끝나자마자 이보규 교수님이 나와 마이크를 잡고 "오늘 임각수 군수가 훌륭한 결심을 했다. 공직생활 60세까지 하고 8년간 괴산군수를 하면 엄청난 축복이다. 그동안 괴산에 많은 도움을 주었으니 어디를 가도 대우를 받을 것이다. 그러면 오늘 다른 때보다 동문들도 많이 참석하였으니 임 군수 뒤를 이어 누가

오늘보다 더 좋은 괴산을 만들기 위하여!

군수가 되면 좋을지 한 명 추대를 해보자. 괴산군수를 잘 뽑고 괴산군을 더 발전시켜야 되지 않겠는가." 하였다.

그 자리에서 3년 선배인 강명구 당시 농협중앙회 상무와 내가 추천되었다. 강 선배가 먼저 소감을 밝혔다. "나는 괴산에 있는 초등학교 중학교 동기생도 잘 모르는 사람이다. 괴산에 대해서 뭘 해볼 생각도 안 했지만 해도 되지도 않는다. 그러니 포기하겠다. 나와 함께 추천된 나용찬 후배는 나보다 훨씬 아는 사람도 많고, 처세도 잘하기로 명성이 자자하므로 그가 했으면 좋겠다."

이때 만장일치로 추대를 받았으니, 나로서는 진지하게 고민해봐야 할 상황이었다. 이것이 결정적인 계기가 되어 이때부터 내가 과연 출마하면 군수가 될 가능성이 있는 것인지 걱정이 많이 되었다. 그러나 괴산 발전과 괴산 군민의 행복을 위해 일익을 담당할 기회인만큼 크게 마음을 먹고 앞으로 나아가기로 최종 선택을 하였다.

2012년 10월 31일자로 조기퇴직을 하고 그 이튿날인 11월 1일에 괴산으로 내려왔다. 내가 첫 번째로 한 일은 계담서원에 21기 신입생으로 등록한 일이었다. 계담서원이 생긴 이래에 신입생으로 들어온 박사는 처음이었다고 한다. 계담서원을 통해 진짜 괴산에 대한 관습과 풍습을 배우고 익혔고, 군민들을 만나 그들의 사는 이야기를 들으며 괴산을 좀 더 깊이 알아가기 시작하였다. 괴산은 사람들 만나는 곳마다 술이 있고 가는 곳마다 먹거리가 있는 인심이 좋은 고장이다.

입춘대길: 봄을 맞아 군민에게 드리는 글

괴산의 새 봄과 더불어 만복이 곳곳에 스며들기를 바랍니다! 괴산에 봄이 시작되니(立春) 크게 길하며(大吉) 좋고, 경사스러운 일이 많이 생기기를(建陽多慶) 기원합니다.

입춘(立春)은 봄을 알리는 날입니다. 24절기 중 첫 번째 절기이지요. 올해의 입춘 시간은 새벽 6시 28분입니다. 한 해를 24절기로 나눈 중 첫 번째 절기입니다. 뭐든지 첫 번째면 행사 같은 거 많이 하죠? 그래서 첫 번째 절기인 입춘에는 농경의례와 여러 행사를 많이 합니다. 24절기는 농사와 계절을 편리하게 구분하기 위해 양력으로 구분한 날짜입니다. 그래서 우리 괴산에서도 이런 절기의 지혜를 농사를 짓는 데 잘 활용하였지요.

입춘시간에 맞춰서 대문에 '입춘대길 건양다경'(立春大吉 建陽多慶)이라는 글을 집 대문이나 공부방 기둥에 붙입니다. 立春大吉은 봄을 맞이해서 큰 길운을 기원한다는 뜻입니다. 그리고 建陽多慶이란 경사스러운 일이 많이 생기라고 기원한다는 뜻입니다. 그러니 입춘대길 건양다경을 붙인다면 1년을 아주 좋은 기운과 경사스러운 일이 생기기를 기원한다는 뜻이겠죠?존경하고, 사랑하는 괴산 군민 여러분!가정마다 새 생명이 움트는 봄의 문턱에서 만복이 깃들기를 소망합니다.

-괴산의 행복하고, 아름다운 삶을 꿈꾸는 나용찬 드림-

2017 보궐선거 출마선언

2016년 1월 25일은 나에게 있어서 잊지 못할 날이다. 그날 괴산군청 브리핑룸에서 오로지 괴산군민만 바라보고 오로지 괴산 발전만 위해 일하겠다며 괴산군수 보궐선거 출마를 선언했기 때문이다. 그동안 괴산 방방곡곡을 누비며, 하나하나 정성스레 생각해온 공약들을 발표하였다.

주요 공약만 간추려 소개해보자면 다음과 같다.

▲ 첫 번째로 농협과 협업으로 새로운 시스템을 가동해 농업 대혁명의 시대를 펼치겠다.

▲ 두 번째는 공무원 조직의 복지 인사를 단행하겠다. 인사를 복지 차원으로 봐 원하는 사람과 공정하고 투명한 근무환경 조성을 하겠다.

▲ 세 번째는 괴산군민을 위한 민원업무를 신속하고 공정하고 속 시원하게 처리하는 위민정책을 펼치겠다.

▲ 네 번째 복지정책은 "요람에서 무덤까지 괴산이 제일 행복한 곳이다."라고 만들겠다.

▲ 다섯 번째는 괴산의 인구 증가 문제성으로 지난해 9월 20일 한국고용정보원이 발표한 〈지방 소멸에 관한 7가지 보고서〉에 따르면, 30년 내 충북 5개 시·군이 급속한 노령화 및 인구

감소로 소멸위기에 있으며, 그중 괴산군의 소멸 가능성이 가장 높다고 강조했다. 이 해결책의 하나로 아름다운 산과 강물에 둘러싸인 불정면에 4만 평 정도의 저가주택단지 건설을 약속했다.

하나하나 당당하게 외치며, 마지막으로 "공약 선포 후 후보자 간 공개토론회를 제안해 누가 진정한 괴산의 군수인지 가려보자"고 포부를 나타내었다. 부디 나의 진심이 군민과 통하기를 바란다.

*참고 자료: 괴산군수 출마 비전 선언문

존경하고, 사랑하는 괴산군민 여러분! 정유년 새해, 복 많이 받으세요!

저는 600년의 아름다운 역사를 가지고 있는 괴산에서 태어나 괴산에서 성장하고 괴산에서 공부한 괴산의 아들 나용찬입니다. 늘 괴산인임을 자랑스럽게 여기며 앞으로 괴산군민과 함께 살아갈 괴산의 비전을 선언하기 위해 이 자리에 섰습니다.

저는 지난 2014년 군수선거 때 새누리당 군수후보 경선에서 고배를 마신 후 저의 부족함을 뼈저리게 느끼고 11개 읍·면 281개 전 마을을 다니며 "활기차고 풍요로운 괴산 건설"을 위한 군민 여러분의 바람이 무엇인지 많은 공부를 하였습니다.

앞으로 우리 괴산군은 위대한 괴산군민과 함께 "농업인이 살아야 괴산이 산다."는 군민들의 말씀을 경청하며 우리 괴산의 발전방향을 명확하게 세울 수 있는 뜻깊은 기회가 되기도 하였습니다.

이에 따라 지난해 9월 21일 미국 로스앤젤레스에서 열리는 제 43회 한인 축제에 초청받아 괴산고추축제 때 수매한 청결 고춧가루와 인삼, 표고버섯, 절임배추 등 괴산 농·특산물을 미국 한인 시장에 판매할 수 있는 지속적인 판로를 구축하는 동시에, "청소년은 우리의 미래다"라는 생각으로 괴산의 중·고등학생 어학연수 및 문화탐방 계획을 위해 LA민주평통, LA충청향우회, LA재향군인회 등과 업무협약MOU을 체결하여 괴산의 청소년들에게 꿈과 희망을 심어주었습니다. 그리하여 미국 LA 123만여 명의 한인사회에 괴산이 2015 세계유기농 엑스포를 개최한 청정지역이라는 것과 농산물의 우수성을 홍보하여 절대적 신뢰를 얻어 온 커다란 성과도 거두었습니다.

존경하는 괴산 군민 여러분!

저는 앞으로 첫 번째로 농업 대혁명의 시대를 펼치겠습니다. 농사일하기도 힘들고 농산물 팔기도 힘든 것을 보면서 이를 혁명적으로 하지 아니하면 우리 괴산 농촌이 다 죽을 수밖에 없다고 생각합니다. 농업인은 농사를 잘 지어야 하고 행정관청은 농협의 기능을 적극 활용하고, 지원하는 3위 일체형 생산, 가공, 판매망을 구축하여 농업경영의 새로운 시스템을 가동하겠습니다.

두 번째는 공무원 조직을 '활기차고 풍요로운 괴산 건설'을 위해 신바람 나게 일하는 직장분위기로 바꾸겠습니다. 공무원들의 웃음이 우리 괴산군민들에게 넘쳐나는 '신바람 이론'을 혁명적으로 도입하겠습니다. 공무원들이 소신과 책임을 가지고 일하도록 희망하는 곳에서 희망하는 직원과 함께 신바람 나게 일하도록 시스템을 구축하겠습니다. 저는 인사행정을 20년 가까이 해온 전문가입니다. 채용, 교육, 승진, 포상업무를 해오면서 인사의 공정성, 투명성, 안전성을 중시하는 복지인사를 실현해야 한다고 주창합니다. 청와대와 중앙부처에서 인사, 기획, 조직관리 부서에서 일하며 인력관리과 예산확보의 1인자임을 검증받은 사람입니다. 이를 다시 멋지게 펼쳐보고 싶습니다.

세 번째는 괴산군민을 위한 민원업무를 신속하고 공정하고 속 시원하게 처리하는 위민정책을 펼치겠습니다. 저는 현직에 있을 때 우리 공무원들의 존재는 국민을 위함이라는 사실을 매일 매일 인식시켜 국민의 민원은 최우선하여 신속하고 공평하고 속 시원하게 일하였습니다. 그리하여 가는 곳마다 지역주민들과 두터운 인맥을 형성하였습니다.

네 번째는 복지 분야입니다. "요람에서 무덤까지 괴산이 제일 행복한 곳이다."라는 이야기를 들을 수 있도록 하겠습니다.

다섯 번째는 괴산의 인구 증가 문제의 중요성입니다. 지난해 9월 20일 한국고용정보원이 발표한 〈지방 소멸에 관한 7가지 보고서〉에 따르면 "30년 내 충북 5개 시·군이 급속한 노령화 및 인구감소로 소멸위기에 있으며, 그 중 괴산군의 소멸 가능성이 가장 높다"고 합니다.

우리 괴산군은 지난 4.13 국회의원 선거 때 국회의원 선거구가 '삶의 환경', '지리적 여건' 등과는 전혀 관계없는 '보은, 옥천, 영동'에 강제 편입되어 '남동부4군'이 된 선거구획의 아픈 역사가 있었습니다.

그때 저는 오직 군민 여러분만 바라보는 충정심으로 "꺼져가는 괴산의 심장, 우리 힘으로 살려내자!"고 외치며, '괴산군민의 간절한 소망 10가지'를 오늘 이 자리에서 기자회견했던 모습이 생생합니다.

그때 누가 있었습니까?

괴산의 아픈 역사가 결정될 그 순간에 누가 있었습니까?

존경하는 군민 여러분!

괴산군의 주인은 군민 여러분입니다. 참된 위대함은 다른 사람을 앞서가는 것이 아닌, 자신의 과거보다 한 걸음 앞서 나가는 데 있다 했습니다.

존경하는 괴산 군민 여러분!

새로움은 예측 가능하고, 지속 가능한 괴산의 행복한 미래를 위한 군민 여러분들의 위대한 선택으로 결정되어야 합니다. 함께 누리는 우리들의 일과 쉼, 그리고 더 나은 삶을 위하여! 앞으로 제가 군민 여러분과 함께 이루어 가려고 합니다. 제가 군민의 발전과 괴산군의 행복을 위해 많은 정책을 만들어 제시하였으며 그 내용은 다음 기회에 구체적으로 말씀 올리겠습니다.

존경하는 괴산군민과 군수 출마예정자분들께 다음의 제안 드립니다. '괴산군민의 소망'이 무엇인지? 그 소망에 답하는 '공개 토론회'를 통하여 군민들께 '따뜻한 삶의 비전'을 제시하고, 불필요한 에너지의 낭비와 분열을 사전에 제거하자는 취지입니다. 이러한 생각이 괴산의 내일과 저를 깊게 바라보며, 내린 결론입니다.

군민 여러분! 공약에 대한 세부계획은 이미 수립되어 있습니다. 이제는 군민 여러분의 선택만이 남았습니다.

존경하는 군민 여러분!

저의 결심은 확고합니다. 사랑하는 우리 괴산! 괴산 군민을 위해서는 망설임이나 주저함 없이 앞으로 나아가겠습니다. 여기에는 군민 여러분의 적극적인 지지, 동참 그리고 조언이 필요합니다.

괴산의 아들 나용찬! 군민을 하늘같이 섬기고위민군정, 군민생활 향상을 최우선으로 하는 군수민생군수가 되겠습니다.

여기엔 어떠한 사심이나 불의한 생각이 없습니다.

오로지 군민! 오로지 괴산! 만을 바라보면서

미치도록 일하고 싶습니다.

군민 여러분의 현명하신 판단을 기다리겠습니다.

정유년 새해 군민 여러분의 행복과 건승을 기원합니다.

감사합니다.

2017년 1월 25일

괴산군수 후보자 나용찬 드림.

2018년 괴산군수 출마선언

군수가 되어 10개월 동안 괴산군에 내 모든 것을 바쳐가며 일했다. 그리고 지난 1월 31일부터 12일까지 11개 읍면 연두 순방을 통해 괴산군민들에게 업무를 보고하고 소통한 결과, 군수로서의 자질과 능력이 검증되었다는 평가를 받아 다시 한 번 출마를 결심하게 됐다.

2018년 2월 12일. 이 날도 역시 재작년과 마찬가지로 괴산군청 브리핑실에서 기자회견을 열고 오는 6.13 지방선거에 출마한다고 선언을 했다. "작지만 큰 도시, 희망찬 괴산 건설"이라는 비전을 내걸고 다음 공약을 제시하였다.

▲ 괴산군의 미래창조정책괴산군의 정체성과 발전성에 중점

▲ 작지만 큰 도시로 성장하는 경제정책

▲ 괴산인재를 육성하는 다양한 교육정책

▲ 5대 복지정책 추진

▲ 문화, 체육, 환경정책

다시 한 번 더 내 모든 것을 괴산군에 바칠 기회를 얻길 바란다.

*참고자료: 괴산군수 출마 선언문

존경하는 4만 괴산군민 여러분!

저는 오늘 괴산군수에 취임한 지 10개월을 맞이하여 그동안 군수로서의 역할과 임무를 잘 수행하여 왔는지 돌아보며 현재까지 추진해 온 공약과 정책을 좀 더 보완하여 6.13 선거에 한 번 더 출마하기 위해 이 자리에 섰습니다.

먼저 2016년 선거법위반과 관련되어 군민 여러분께 걱정을 끼쳐드린 점 진심으로 죄송하게 생각합니다.

저 나용찬은 2017년 1월 25일, "꺼져 가는 괴산군의 심장을 살려내야 한다며 오로지 군민의 행복, 오로지 괴산 발전만을 위해 군정을 반듯하고, 깨끗하고, 열심히, 그리고 정스럽게 펼치겠다."고 출마선언을 한 바 있습니다. 그 이후 저 나용찬은 괴산군 282개 마을 1400리 길을 구석구석 누비며 군민 여러분께서 바라는 것이 무엇인지 가슴에 담아온 105가지 정책을 괴산군수 출마공약으로 제시하였습니다. 이때 군민 여러분께서는 무소속인 저를 선택하셔서 괴산군수로 당선시켜 주셨습니다. 다시 한 번 군민 여러분께 감사의 인사를 드립니다.

오늘은 괴산군수로서 일을 한 지 꼭 10개월이 되는 의미 있는 날입니다.

그동안 저는 "현장에 답이 있다. 누군가 해야 할 일이라면 내가 하고, 내가 할 일이라면 지금 한다."는 확고한 신념을 가지고 새벽부터 밤중까지 단 하루도 쉬지 않고 열심히 일해 왔습니다. 특히 괴산군민들과 현장에서 소통하고 600여 괴산군청 공직자와 힘을 내어 군민이 원하는 일을 해 왔습니다.

이와 같이 저 나용찬은 괴산군수로 일해 온 성과와 앞으로 일해야 할 과제들에 대하여 1월 31일부터 오늘에 이르기까지 11개 읍면 연두순방을 통해 괴산군민 여러분에게 보고하고 소통한 결과 군수로서의 자질과 능력은 검증되었다는 평가를 받았기에 6.13선거에 다시 한 번 더 출마하고자 합니다.

존경하는 괴산군민 여러분!

저 나용찬을 한 번 더 믿어주시고, 한 번 더 성원해주시기 바랍니다. 앞으로 괴산군은 "작지만 큰 도시, 희망찬 괴산 건설"이라는 비전을 가지고 괴산군민을 위해 일하겠습니다.

주요정책은 다음과 같습니다.

첫째, 괴산군의 미래창조정책입니다. 인구증가와 교육, 유기농괴산 장수도시의 특화정책, 문화, 관광, 체육, 힐링을 위한 공간조성 등 괴산의 정체성과 발전성에 중점을 두겠습니다.

둘째, 작지만 큰 도시로 성장하는 경제정책입니다.

셋째, 괴산인재 육성을 위한 즐겁고 신나고 효과 있는 다양한 교육정책을 전개하겠습니다.

넷째, 괴산군 복지정책으로 더울 때는 시원하게, 추울 때는 따뜻하게, 배고플 때는 배부르게, 아플 때는 치료받을 수 있게, 삶의 현장은 깨끗하게 해드리는 5대 복지를 확실하게 추진하겠습니다.

다섯째, 문화, 체육, 환경정책에 중점을 두겠습니다.

앞으로 괴산군을 전국의 각 지방자치단체가 부러워하고 세계가 주목하는 작지만 큰 도시, 활기 넘치는 희망찬 괴산으로 만들어 내겠습니다. 올해 괴산군의 사자성어인 "동심합력同心合力 - 모두가 힘을 합쳐 큰 뜻을 이루어내자"는 마음을 가지고 현장을 누비는 나용찬 군수, 한 번 더 일할 수 있도록 선택해 주시기 바랍니다.

며칠 있으면 무술년 새해, 설날을 맞이하게 됩니다. 괴산군민 여러분의 가정에 사랑이 넘치고 행복한 설날이 되시기 바랍니다. 저 나용찬은 항상 군민 여러분과 함께하겠습니다.

무술년 새해 복 많이 받으십시오.

2018. 2. 12

괴산군수 나용찬

선거 공약

나의 신념은 괴산군민과의 공약公約이 공약空約이 아닌, 진짜 공약公約이 되는 것이었다. 그래서 괴산 발전과 괴산군민의 행복을 위해 하루도 쉬지 않고 마을마다, 고을마다 나의 땀으로 흠뻑 적셔가며 282개 마을, 1400리 길을 구석구석 다니며 보고, 듣고 겪은 것 중 내가 반드시 지켜야 할 공약을 정리하기 시작했다.

나의 진심어린 공약을 발표하며, 다시 한 번 더 확고한 각오를 다졌다. 그동안 실천가능한 공약이 무엇인지 수없이 많은 날을 지새우며 고심하며 집약적으로 결집한 공약公約이라고 자신할 수 있었다. 또한, 그 공약을 실천할 수 있는가에 대한 대답은 내 지난날 살아온 발자취가 말해줄 것이라 자신했다. 나는 입보다는 몸으로 말을 할 것이다. 그리고 괴산군민들도 나의 진심을 알아줄 것이라 확신하였다.

괴산군민 모두에게 꿈과 희망!

기쁨과 행복을 드릴 수 있는 실천 가능한 공약만 담았습니다.

미국으로 고춧가루를
수출한 나용찬!
앞으로 괴산 농특산물
판매를 위해
두 팔 걷어 부치고
나서겠습니다.

1 괴산 농산물 판매전문! 주식회사 괴산 설립

- 농민 · 농협 · 군청 모두가 참여하는 괴산농특산물 전문판매유통법인 (주)괴산을 설립하겠습니다!
  - ▶ 농특산물판매촉진/2018년까지 설립/조례제정/출자공모&군비

2 모바일 쇼핑 · 팔도유람단 운영

- 도시사람들이 휴대폰에서 괴산 농특산물을 바로 살 수 있도록 모바일 쇼핑을 만들어 보급하여 괴산 농특산물 판매의 신기원을 열겠습니다.
- 전국 방방곡곡 소비자와 상인을 직접 찾아가는 괴산농특산물 판매 '팔도유람단' 을 운영하겠습니다!
  - ▶ 농특산물 판매촉진/조례 제 · 개정/2018년까지 완료/군비

3 장수괴산! '(가칭)노인 건강 시범도시' 지정. 장수밥상 상품화!

- '(가칭)노인 건강 시범도시' 사업을 정식 중앙정부 공모 예산사업으로 만들고 괴산을 첫 번째 시범도시로 지정받겠습니다.
- 보건의료관련 연구 · 산업단지 유치로 일자리 창출과 지역경제 활성화 일석이조 효과를 도모하겠습니다.
- '장수밥상' 을 괴산의 대표브랜드로 육성하여 지역발전의 획기적인 전기를 만들어내겠습니다.
  - ▶ 지역경제 활성화/중 · 장기 계획(2017년부터 2021년까지)/조례제정/국 · 도 · 군비 · 민자

6 공무원 신바람 혁명

- 신바람 나게 일하는 공직분위기 조성
- 인사 자기 내신제를 도입하여 공정하고 투명한 복지인사 구현
- 현장중심의 민원업무처리 정착
  - ▶ 공무원 보수 교육/2017년부터 지속적인 교육/비예산

7 행복한 삶의 보건복지 향상

- 소아과 등 군내 취약 진료과 신설 및 응급의료&이송 서비스 강화
- 경로당 급식 도우미 확대 및 운영 현실화
- 장애인을 위한 프로그램 개발 및 보훈대상자 처우개선
  - ▶ 맞춤형 복지 지원시스템 구축/조례 개정/2018년 이행/국·도·군비

8 문화 · 예술 · 체육 활성화

- 괴산전통 창작 문화 활동 전개
- 놀이마당등 문화공간 확보 / 체류형 관광 산업 확충
- 스포츠 타운 건립(전국대회 유치 규모 조성)
  - ▶ 즐기는 문화예술 및 체육 인프라 구축/중·장기 계획 수립/2020년까지 이행/국·도·군비

9 활기찬 지역경제 기반 구축

- 대제산단 조기분양 및 청안 첨단산단 조기착공
- 축산업 환경개선으로 갈등 해소
- 괴산 농민회관 · 요식업 회관 신축
  - ▶ 지역경제 활성화 기반 구축/중·장기 계획 추진/2020년까지 이행/국·도·군비

10 위민행정

- 인 · 허가 절차 간소화 추진
- 농작업 대행 서비스 실시 / 농업인상담소 상시운영
- 일자리 / 교육문화가 융합된 젊어지는 괴산 프로젝트 추진
  - ▶ 괴산종합발전/종합군정계획수립 및 조례 제·개정/2018년까지 이행/국·도·군비

선거 운동

"군민 여러분, 저 나용찬이 깨끗하게 일하겠습니다. 반듯하게 일하겠습니다. 열심히 일하겠습니다. 정스럽게 일하겠습니다."

종일 이 얘기만 외치고 다녔다.

"저의 진실을 보여드리겠습니다. 오로지 괴산군민의 행복과 오로지 괴산 발전만을 위해 일하겠습니다. 농어민이 살아야 괴산이 삽니다. 농어민이 산다는 것은 농어민이 많이 살아야 되고 농어민이 잘살아야 된다는 얘기입니다. 그래야만 괴산도 삽니다. 괴산이 장사도 잘되고 사람들도 많으면 도시로서의 면모도 제대로 갖출 수 있습니다. 그래서 괴산이 잘살아야 합니다."

선거운동을 하는 내내 집사람과 나는 진짜 낮은 자세로 임했다. 경쟁자는 오히려 이미 군수가 된 듯 기정사실화하면서 의기양양했다. 그도 그럴 것이 무소속인 나는 유명한 지지자 한 명 없는 실정인데 자기들은 내로라하는 국회의원들의 지원을 받고 있었다.

하지만 나 역시 탤런트 김성한 씨가 와서 도와주었고, 코미디언 이상해 씨가 달려와서 "나용찬과는 의형제 사이입니다."라며 무척 많이 도와주었다. 또한 나에게는 나를 응원해주는 괴산군민이 있어 큰 힘이 되었고 끝까지 선거운동을 할 수 있었다.

본격적으로 선거운동을 시작할 무렵에는 집사람과 갈등 아닌 갈등이 있었다. 나는 아침 7시에 나가서 8시까지 한 시간을 꼬박 거리에서 피켓을 들고 군민들을 향해 열심히 손을 흔들며 인사드렸다. 집사람은 내 몸 걱정을 하며 말렸다. 처음에는 집사람 말이 맞았다. 출근시간도 되기 전이어서 오가는 사람도 별로 없었고 손을 흔들어 주는 사람은 몇 안 되었다. 그러나 시간이 지나면서 한결같이 그 자리를 지키고 있는 내게 지나가던 많은 사람들이 같이 손을 흔들어 주게 되었다.

사거리에 서서 신호등이 멈추면 반대쪽을 보고 신호가 바뀌면 다시 정면을 보면서, 열심히 피켓을 흔들며 인사드렸다. 그리고 말 한마디라도 정스럽게 하려고 애썼다. 본 선거 때에는 선거차량을 주차할 때, 경쟁후보자들과 자리다툼을 하느라 제대로 자리 잡지 못하고 밀려나기 일쑤였다.

그렇게 불리한 여건 속에서 선거운동이 끝이 났고, 일련의 사건들이 터지고 무척 힘들게 조직적으로 움직였지만 자신감이 있었다. 게다가 꿈속에서도 내가 단상에 올라갔을 때 수천 명이 환호하고 열광하지 않았던가. 그리고 내 예상은 결코 빗나가지 않았다.

하루는 이런 일도 있었다. 동계를 하는 어느 마을에 갔더니

아내와 함께 선거운동

전에 면장님이었던 선배가 나를 붙잡고 물었다.

"용찬아, 너는 연금타서 먹고 살지, 군수는 왜 힘들게 하려고 하니? 너 대학 교수잖아. 대학 교수 연금 타면 그것 가지고 편하게 살면 되는데 골치 아픈 군수를 왜 하려고 해?"

그때 나는 주저하지 않고 대답했다.

"형님, 형님에게 기쁨을 드리려고 합니다."

"기쁨? 무슨 기쁨?"

"형님 추우면 따뜻하게 해드리고, 더울 때는 시원하게 해드리고, 배고플 땐 배부르게 해드리고, 아프면 안 아프게 해드리려고 합니다, 이 동네 필요한 것 있으면 필요한 것 해드릴 것이고, 더 나가서 면에서 필요로 하는 것들도 해드리게 되면 우리 군민들 모두가 기뻐하지 않겠습니까?

내 말이 끝나자 선배가 씩 웃으면서 대답했다.

"이야, 그거 말 된다. 다른 후보들은 똑같은 질문을 받아도 그냥 "봉사하려고 그래요.", "형님 몰라서 물어요?"라고들밖에 대답 안 하는데 너는 가만히 들으니까 말이 된다. 그래, 기쁨을 주는 군수! 아프면 치료해 주고 배고프면 먹을 것 주고, 동네 필요한 거 있으면 해주는 군수! 그게 진짜 군수지!"

감탄하는 선배를 본 이후로 나는 더 적극적으로 "저는 우리 괴산군민 여러분께 기쁨을 드리는 군수가 되겠습니다."라는 말을 애용하게 되었고 군수가 된 지금도 계속 실행하고 있다.

이 자리를 빌려 정책 공약부터 실천 가능한 것들만 골라서 정성껏 만들고, 불리한 상황에서도 포기하지 않으며 서로 협력하여 나를 만들어준 박중호 형님을 비롯한 모든 분들에게 감사의 인사를 전한다.

4.12 보궐선거 당선

마침내 4월 13일 선거 당일이 되었다. 나는 집사람과 함께 투표를 마치고 난 후, 선거 운동에 참여한 분들로부터 잠시 쉬었다 나오라는 권유를 받았다. 누적된 피로와 긴장감 때문에 그 권유를 받아들여 억지로 한숨 자고 나왔다. 그런데 막상 뚜껑을 열어보니 예상 외로 처음부터 압도적인 우세였다.

개표되고 나서 밤11시쯤 당선이 확정되었다. 온갖 역경과 시련을 극복하고 2위와는 7.6%, 큰 표차로 당당히 괴산군수직을 맡게 된 것이다. 이번 괴산군수 보궐선거에서 무소속으로 출마한 나용찬이 당선된 것은 괴산군민의 승리였다. 괴산군민은 연속 네 번을 정당보다는 인물 중심으로 현명한 선택을 하였다. 나는 정당도 없고, 집안의 가까운 친인척도 거의 없는 상황에서 오로지 괴산군민만이 든든한 후원자였다. 바쁜 생업을 미루어 가면서 믿어주시고 이끌어 주신 괴산군민 여러분 덕분에 승리할 수 있었다. 그분들께 다시 한 번 고개 숙여 깊은 감사의 인사를 드린다.

당선 직후에 나는 문화체육센터 VIP실에서 실무자들의 업무보고를 받았다. 그들과 이런저런 얘기를 나누던 중 취임식을 어떻게 할 것인지, 내일부터 일과는 어떻게 짤 것인지 등의 얘기가 나왔다.

첫째, 임각수 (전)군수님의 면회를 갈 수 있도록 특별면회를 신청해 달라고 요청하였다. 내가 먼저 나서서 소통하고 화합해 나가는 것이 중요하다는 생각에서였다.

둘째, 취임식은 아주 간소하게 돈을 들이지 않고 주민들에게 불편을 주지 않는 선에서 해야 한다고 못 박았다.

또한 취임식으로 인해 조금이라도 갈등이 생겨나선 안 된다. 어떤 사람들은 초대하고 어떤 사람은 초대하지 않으면 안 된다. 내가 가지고 있는 명단을 줄 테니 그걸 보내서 오고 싶은 사람들은 누구나 오도록 하라고 하였다. 개최 장소도 주민들이 오기 편한 체육센터로 정했는데 사람들이 조금 오면 1층에서만 하면 되고, 많이 오면 2층까지 사용하면 되리라 생각했다. 막상 취임식 당일에는 2층까지 사람들로 꽉 찼다. 취임식에 오신 분들은 1,300명에 이를 정도로 무척 많이 오셨다. 이는 나용찬을 지지하던 분들의 기쁨과 새로운 군수에게 거는 기대가 무척 컸기 때문일 것이다.

보궐선거 당선

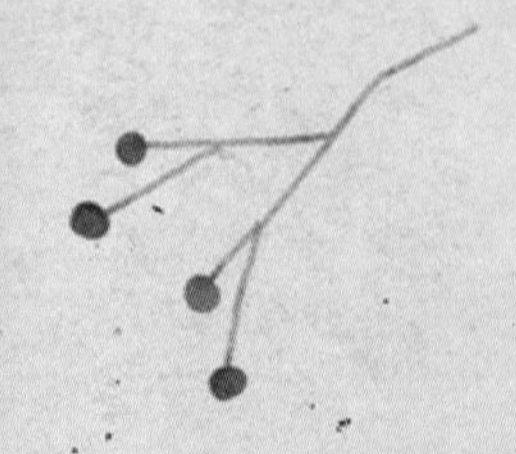

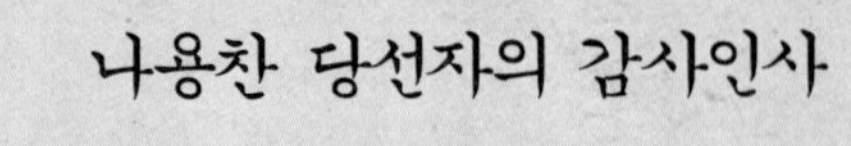

나용찬 당선자의 감사인사

존경하는 괴산군민 여러분!

고맙습니다.

이번 괴산군수 보궐선거에

무소속 나용찬이가 당선된 것은

괴산군민의 승리입니다.

저 나용찬은 정당도 없고, 집안의

가까운 친인척도 거의 없는 상황에서 오로지

괴산군민만이 든든한 후원자였습니다.

특히 바쁜 생업을 미루어 가면서 저를 믿어주시고 이끌어 주신 괴산군민 여러분 덕분에 승리할 수 있었습니다. 이에 깊은 감사의 인사를 드립니다.한편 남무현 후보를 비롯해 저와 경쟁한 다섯 분의 후보에게 심심한 위로의 인사를 드립니다.

또한 후보님들께서 내놓으신 좋은 정책을 가지고 괴산발전을 위해 군정에 함께 참여하여 주시길 간청 드립니다.

더 좋은 내일의 희망,
괴산군수로서의 힘찬 행보

"엄청난 자신감이 없으면 아무리 노력한다고 해도 결코 가능해지지 않는다."

-스티븐 잡스-

직원들과의 소통 <공감 토크콘서트> 개최

군수로 취임하면서 군정 발전을 위해서는 무엇보다 군정을 이끄는 구성원인 우리 군청 직원들과의 소통과 공감대 형성이 중요하다고 생각되었다. 지난해 연말 그동안 가뭄, AI 및 구제역, 수해복구와 현안업무 추진을 위해 애써온 직원들의 노고를 격려하고, 소통과 화합의 장을 마련하기 위해 12월 21은 점심과 저녁을 겸해, 27일은 저녁을 겸해 3차례에 걸쳐 군 산하 전 직원과 함께하는 송년화합행사 겸 〈공감 토크콘서트〉를 개최했다.

토크콘서트는 "당신의 올해 1년은 어떠셨나요?"를 주제로 직원들과 자유로운 대화 형식으로 진행하였는데, 지난여름 수해 때 주말에도 쉬지 못하고 수해복구에 힘들었던 이야기, 신규 공무원으로서의 임용되어 행복했던 소감, 부부공무원의 에피소드와 그동안 업무처리 시 느꼈던 고충 및 건의사항 등 직원들의 생생하고 진솔한 이야기를 들을 수 있었고, 〈아름다운 세상〉이라는 가요를 〈아름다운 괴산〉으로 개사하여 '아름다운 괴산'을 함께 만들어 가자고 한 목소리를 내어 합창도 하였다.

또한, 2017년을 보내며 직원들이 뽑은 '2017년 괴산군 10대 핫뉴스'를 선정 발표하여 지난 1년을 되돌아보는 시간을 가졌다. 10대 뉴스 선정결과 1위는 군민들에게 큰 상처를 주었던 수해피해 및 특별재난지역 선포, 2위는 제43대 나용찬 괴산군수의 취임, 3위는 주민들 품으로 돌아간 구 군수관사 개방, 4위는 대제산업단지 분양률 66% 성과 달성이 뒤를 이었고, 5위는 7년 연속 문화관광 유망축제로 선정된 2017년 괴산고추축제, 6위는 장수도시 지역브랜드를 활용한 음식관광패키지 상품인 괴산장수밥상 개발, 7위는 국토교통부 공모사업인 괴산자연드림타운 투자선도지구 지정, 8위는 군민에게 웃음을 주었던 KBS 전국노래자랑, 9위는 군정사상 최대 4,640억 원의 예산 확보, 10위는 미니복합타운 조성 협약 체결이 10대 뉴스에 이름을 올렸다. 이 밖에도 어르신들의 쉼터인 경로당에 에어컨 376대 설치, 11명의 관내 중학교 재학생을 미국 LA로 보내 선진국 문화체험과 어학연수를 실시한 청소년 해외문화체험, 서울시청 광장 농·특산물 한마당 큰잔치등도 직원들의 높은 평가를 받은 것으로 나타났다.

직원들이 처음에는 토크콘서트가 생소하고 어색해서 고개만 숙이고 질문에도 당황한 모습이었는데, 나중에는 그만해도 좋으련만 자진해서 몇 가지나 되는 업무 추진 성과를 자랑하며 마이크를 놓지 않아 직원들에게 큰 웃음을 주었다.

같은 청사 내에 근무하면서도 얼굴도 모르고, 말 한번 제대로 건넬 여유도 없이 너무 각박하게만 지냈던 직원들이 토크콘서트 후 점심, 저녁 맛있는 뷔페로 식사도 하고 술도 한잔씩 돌리며 서로 얼굴도 익히고 정답게 격의 없는 이야기를 나누면서 서로를 이해하고 알아가는 소중했던 시간이 되었다.

앞으로도 직원들이 함께 터놓고 얘기할 수 있는 자리를 만들어 표현력과 발표력을 기를 수 있도록 기회를 제공하고, 직원들의 생생한 소리를 가슴 깊이 새겨, 직원들이 행복하고 신바람 나게 일할 수 있는 분위기를 만들어주고, 직원들이 제시하는 다양한 의견들은 적극 군정에 반영해 나갈 계획이다.

2017 연말 괴산군청 직원 토크콘서트

직원조회를 개선하다

군청에는 매월 첫 번째 날에 직원조회를 개최하고 있다. 그동안 취임 이후 몇 번 직원조회에 참석해보면 유공자 표창, 군수 훈시말씀으로 직원 조회가 끝났다. 전 직원이 힘들게 모인 조회시간이 일방적이고 지시형의 딱딱하고 아무 의미 없는 시간이었고, 그러다보니 직원들의 관심도 적고 자발적인 참여도 저조했다.

각 부서에서 일하는 직원들이 모두 함께할 수 있는 유일한 시간인 직원조회를 형식적이고 의례적인 조회에서 탈피시켜 직원들이 참여하는 소통, 공감의 시간으로 개선이 필요했다. 고심 끝에 2017년 9월부터 조회시간 중에 직원 소통·공감 시간인 '소통마당'을 운영키로 하였다.

'소통마당'은 부서 또는 직원 개인, 누구든지 희망자는 참여

할 수 있고 발표시간은 5분 내외, 발표내용은 군정정책 제안, 업무추진 우수사례, 해외배낭 연수 또는 국외연수 소감 등 자유롭게 주제를 선정하여 발표토록 하였다.

그동안 국토교통부 공모사업 선정사례, 현안업무 추진사항, 해외 배낭연수 시 선진외국의 우수사례 등을 소개하였으며, 배낭연수 팀 중 한 팀은 택시기사에게 위조지폐 사기를 당했던 난감했던 상황, 휴대폰을 소매치기 당해 경찰서에서 3시간 동안 분실 신고서를 작성했던 사건, 항공사 실수로 캐리어가 파손되었지만 항공사에 건의하여 가방을 받았던 일들을 재치 있게 발표하여 한바탕 웃음을 주었고, 발표를 듣는 직원들이 마치 자신이 외국을 다녀온 기분을 느낄 수 있도록 해 주었다.

앞으로도 부서 간 업무공유와 직원 간 상호 소통하고 공감할 수 있는 기회 제공으로 열린 조직문화를 조성해 나갈 계획이다.

9월 직원조회(업무추진사항 발표)

10월 직원조회(해외배낭연수 사례 발표)

괴산 아카데미를 새롭게 열다

괴산군은 2010년 '괴산군 평생교육진흥 조례'를 제정하였지만, 평생학습센터나 평생학습관 등 평생교육을 위한 기반시설이 구축되지 못하였고, 인문교양 교육 등 군민을 위한 평생 교육이 타 지역에 비해 현저하게 부족한 것에 늘 안타까운 마음을 가지고 있었다.

또한, 군민의 의식개혁, 인문학적 소양 함양을 위해 '괴산 아카데미'를 운영하고 있으나, 2014년부터 2016년까지 총 3회만 개최되었고, 그마저도 선거, 구제역 등 이런 저런 사유로 2016년 5월 이후 한 차례도 개최하지 못하고 있는 실정이었다.

그래서 군민과 공직자에게 새로운 지식과 다양한 정보제공, 의식변화를 통한 괴산군의 경쟁력 강화를 위한 열린 교육마당으로 2017년 10월, 괴산 아카데미의 문을 새롭게 열고 매월 개최해 오고 있다.

2017년 10월 장경동 목사님의 강연을 시작으로 괴산군이 고향이신 최창호, 박재희, 이보규 교수님을 초청하였다. 청천면이 고향인 최창호 교수는 '무엇이 사람을 움직이는가'를 주제로 심리학을 통한 인간관계 솔루션을 제시하여 주셨고, 감물면이 고향이신 박재희 교수는 '고전에서 배우는 인생전략'을 주제로 삶의 해답이 담겨 있는 책 고전을 통한 역경극복 방법에 대하여 알기 쉽게 강연해 주셨으며, 칠성면이 고향이신 이보규 교수님은 '꿈은 이루어진다'를 주제로 젊은 강사보다 열성적이고 힘 있게 강의를 해 주어 더 큰 감동을 주었고 뜨거운 박수갈채를 받았다.

이렇듯 괴산 아카데미는 주옥같은 강연을 통해 감동과 재미, 삶의 지혜를 얻는 시간을 선사하였으며, 강연 전에는 군민들의 감성을 자극할 수 있는 관현악 등 오프닝 공연으로 교육과 문화예술의 접목을 시도하였다. 우리 군민들에게 그동안 TV로만 보던 유명 강사들과 사회 저명한 인사들의 강연을 직접 보고 들을 수 있는 기회를 제공하여 삶의 에너지를 충전하는 행복한 시간을 더욱 더 많이 드리고 싶은 바램이다.

왼쪽사진 위) 10월 괴산 아카데미
왼쪽사진 아래) 11월 괴산 아카데미

유기농괴산
장수도시
ORGANIC
2017. 10. 30.(월) 14:00
괴산문화예술회관
10월 괴산아카데미 “행복은 습관이다” [강사 : 장경동 목사]
무엇이 사람을 움직이는가
11월 괴산아카
[강사 : 최창호
RGANIC
무엇이 사람을 움직이는가?

현장소통 행정을 하다

일반적으로 군수선거를 치루면 일정 기간 동안 업무파악을 한 후 군정업무를 보는 것이 당연하지만 나는 보궐선거를 통해 당선증을 선거일인 4월 12일 밤11시가 넘어서 받고 바로 다음날인 13일부터 정상출근을 해서 군정업무를 수행해야 하는 입장이었다.

출근하는 첫날 받아본 하루 일정표는 그동안 참고 참아왔던 군민들의 애로사항 면담일정이 대부분이었다. 일일이 군민의 소중한 의견을 들어주고, 관계 직원을 찾아 대안을 찾아볼 수 있도록 지시하고, 기본적인 군정업무 일정을 소화하고 나면 정작 현장에 나갈 시간이 없었다.

주민들에게 하루 일을 시작하는 시간이 몇 시냐고 물었다. 대부분 6시면 하루 일을 시작한다고 하였다. 그래서 아침 6시에 현장에서 만나자고 하였다. 왜냐하면 낮에 군수가 편한 시간에 나가면 오히려 일하는 데 지장을 줄 것 같아서였다. 관계 공무원들과 함께 현장에서 주민들과 직접 의견을 듣고 대안을 마련하는 방법을 찾았다.

무엇보다 나는 군민이 바라지 않는 개발은 반대하는 것이 괴산을 지키는 사람으로서 당연한 도리라고 생각하고 표명해온 사람이다. 인근 자치단체에서는 태양광발전을 위해 적극적인 입장을 보이며 우리 괴산도 동참하여 줄 것을 요청하였다. 하지만 나는 그 자리에서 과감하게 "우리 괴산은 청정괴산을 후손에게 물려줄 생각이다"라며 거절 의사를 표현한 적도 있다. 군민이 불행해질 수 있는 난개발은 절대로 이루어져서는 안 된다.

덧붙여, 이른 아침 현장행정 후 9시가 다 되어서야 아침 끼니를 같이해준 민원담당 공무원들에게 미안한 마음과 감사의 마음을 가진다.

소수면 몽촌리 지렁이 농장 방문 현장

반기문 유엔사무총장과의 만남

2017년 1월 12일에는 반기문 전 UN사무총장님 귀국을 환영하는 행사에 참석했다. 인천공항에서 서울역까지 공항철도를 함께 타고 이동하면서, 많은 이야기를 나누었다.

2017년 1월 7일에 반기문 총장님이 음성을 거쳐 충주를 방문하고 충주시민들에게 귀국 보고 및 감사인사를 전하는 행사가 열렸는데, 내가 반 총장님께 직접 전화를 걸어 "반 총장님 처갓집이 괴산인데 그냥 가시지 말고 장연 방곡에 들러서 성묘하고 가시는 것이 어떻겠습니까?"라고 제안을 드렸다. 그 제안이 받아들여져서 충주에서의 공식행사가 끝난 후 괴산으로 모시고 왔다.

처음부터 끝까지 반 총장님 내외께 괴산 안내를 해드렸는데 두 분 다 무척 좋아하셨다. 당시 반딧불이 괴산지회장을 맡고 있을 때였다. 주민 300여 명이 오셔서 반기문 총장님 내외분을 열렬히 환영하였으며, 약1시간 30분가량 머무르시면서 UN에서의 활동내용도 상세히 말씀해 주셨다. 많은 사람들이 좋아하였다. 반기문 전 UN사무총장님께서 고향을 찾은 모습을 보며, 나 또한 고향에서 봉사하고 싶은 결심이 더욱 더 확고해진 날이었다.

반기문 전 UN총장님의 괴산 방문을 성사시키다

晉州柳氏

세계평화와 인권! 지구환경의 보존과 나눔을 전하고 오신
반기문 前유엔사무총장님을 환영합니다.
반딧불이 괴산지회일동

군민과 함께라면
고마우신 분들
행복한 군민 희망찬 괴산
단단함을 지닌 나의 아내, 안미선

6장

아름다운 동행

군민과
함께라면

봄 가뭄

지난해는 가뭄이 엄청 심했는데, 밤잠을 줄여가며 가뭄대책을 곰곰이 생각해 보았다. 토요일, 일요일 이틀 중 하루는 공무원들이 나와서 농민들의 논에 물 대는 호수라도 잡아주면 훨씬 도움을 줄 수 있을 것 같았다. 괴산군민들을 위해서 일하는 공무원들이지만, 휴일을 반납하는 일이 쉽지는 않다. 그러나 자발적으로 나와서 가뭄에 시달리는 농민들을 도와주는 것을 보니 무척 놀라웠다. 또한 군인들과 경찰들도 정말 많이 도와주었다. 전폭적으로 도움을 준 그분들에게 감사드린다. 부디 내 조그마한 노력과 내 진심이 가을에 보답 받을 수 있기를 기도했다.

성불산의 산불

군수에 취임 후 보름도 안 되서 성불산에 불이 났다. 모 방송국 사장님과 만남을 위해 청주로 향하던 중 연락이 왔다. 성불산에 큰불이 났다는 것이었다, 산림과 팀장이 동영상으로 현지 상황을 보내 왔다. 방송국에 도착하자마자 양해를 구한 후, 바로 괴산으로 달려왔다. 도착해 보니 산불진화대원과 공무원이 산불과 씨름을 하고 있었다. 군수가 되어 첫 시험대에 오른 느낌과 분재처럼 아름답게 자란 노송이 타들어가는 모습을 보며 마치 내 가슴이 타들어가는 심정이었다.

계속 진화에 열을 올리며, 산림청의 도움으로 헬기가 추가로 진화에 나섰지만 날이 어둡고 늦은 시간이 되어 철수하고 직원들과 비상회의를 했다. 밤 11시경 괴산군 산림과 채동욱 과장은 산불의 원인을 정확하게 파악할 수 없지만 등산객 아니면 산나물을 채취하던 사람들에 의해 최초 발화된 것으로 추정 된다고 예상했다. 이어 "불이 난 발화 지점과 소실된 등산로 주변에 야생으로 자란 소나무가 분재형으로 굉장히 귀한 가치를 인정받은 괴산의 자원이 모두 소실돼 안타깝다"고 말했다. 인근 의용 소방대 약 50여 명도 출동해 산불 확산 방지를 위해 밤새 공직자들과 성불산 현장에서 산불 확산 방지를 위해 진화 작업을 펼쳤다.

산불을 진화하던 4대의 산림 헬기는 날이 밝자 진화작업에 참여하여 먼저 큰 불길을 잡고, 200여 공직자들은 성불산 현장에서 잔불 정리를 하였으며, 산불 확산 방지를 위해 음성, 보은 소방서 등의 20여 명은 드론을 띄워 산불 진행 방향을 파악하고 대책을 수립해 유관기관과의 유기적인 공조체계를 갖춘 진화 작업이 진행됐다.

모든 진화작업이 종료된 후, 밤샘 현장에서 산불 진화 작업에 수고한 군 공무원들과 소방관들, 산림청 직원, 의용 소방대 관계자들에게 감사를 표하며 그들의 노고를 격려했다. 또한,

성불산 산불 대책

재발 방지와 예방을 위해 후속조치에 관한 모든 정책들을 다시 한 번 직접 검토하며, 미진한 부분들을 강화하라고 하였다.

7.16 집중호우의 교훈

가뭄이 끝나 좀 살 만한가 싶더니 곧바로 수해가 왔다. 수해 복구를 위해 새벽부터 밤중까지 다 죽는 게 아닌가 할 정도로 뛰어다녔다. 농민들 걱정이 너무 되어서 잠도 제대로 못 잔 채 꼭두새벽부터 움직였다. 농민들은 대부분 새벽부터 일어나 논으로 밭으로 나간다. 여름철이라 5시면 해가 떴고, 농민들은 해가 뜨면서부터 일하기 시작하니, 그들이 나가기 전에 만나 그들의 고충을 들어봐야겠다는 일념으로 새벽부터 현장을 찾아다닌 것이었다.

몸은 힘들어도 그때 농민들의 입에서 "나 군수가 말뿐만이 아니라 정말 새벽부터 민생현장을 다니는구나."라는 말들이

흘러나올 만큼 열심히 현장을 누볐다. 특히 수해 때에는 군인들이 큰 도움을 주었다. 공수부대 여단장과 37사단장, 그리고 110연대 연대장은 우리 군의 최우선 정책이 괴산군 수해지역 복구라고 강조할 정도였다.

수해가 끝난 후에 열린 고추축제도 멋지게 치러내었다. 나는 동선 하나하나까지 챙겨야 했다. 내가 타 지역에서 고추축제에 온 사람이라면 무슨 구경을 하고, 어디 가서 밥을 먹고, 고추를 산 뒤 어떻게 움직일 것인가? 우리 농민들에게 돈이 되는 축제가 되려면 어떻게 해야 할 것인가? 외부에서 오는 손님들에게는 어떻게 하면 편리성과 농산품 구매욕을 높일 수 있을까? 이곳에 사는 분들에게는 같이 즐기는 동시에 농산물을 어떻게 많이 팔 것인가? 등에 대해 현장을 돌아보며 서로 의견을 나누고 적절한 지시를 내렸다. 그 결과 작년에 비해 관람객도 증가하고 농산물도 많이 팔 수 있었다.

팔도 홍보단

우리 괴산을 아는 사람들에게 "괴산 하면 생각나는 게 무엇입니까?"라고 질문을 드리면 맑고 깨끗한 자연과 청정 농·특산물을 이야기한다. 늦은 겨울에는 백두대간 줄기의 고로쇠물, 봄 감자, 대학찰옥수수, 고추, 절임배추, 사과, 야채 등 어디에 내놓아도 남부끄럽지 않은 자랑스럽고 소중한 농·특산물들이 수두룩하다.

안타까운 것은 우리 군민들께서 정성을 다해 재배하고 가꾼 농·특산물이 제값을 못 받고 있다는 것이다. "어떻게 하면 우리 농·특산물이 제값을 받아 군민들의 호주머니를 두둑하게 해줄 수 있을까?"를 항상 고민했다.

일단 제대로 된 홍보를 현장에서 발로 뛰며 해보자는 각오로 직원, 관계자들과 함께 직접 전국의 농산물 공판장을 찾아다녔다.

괴산농협 조합원들과 농산물 공판장을 찾아가

군자농협 조합원들과 농산물 공판장을 찾아가

밤을 꼬박 새우며 공판장을 찾아 다녔다. "괴산 농·특산물 참 좋습니다. 제값 받게 도와주세요"를 외치고 다녔다. 이런 노력으로 군민들에게 더 많은 행복을 줄 수 있다면 더 많은 수고를 아끼지 않을 것이라 다짐했다.

취임 '백'일

백百이라는 숫자는 완전함, 충족, 극에 다다름을 의미한다고 한다. 삼국시대에 백제百濟라는 나라는 원래 온조의 십제에서 출발하였지만 비류와 그 무리가 찾아와 만백성이 따른다 하여 나라 이름을 백제로 하였다. 여기서 백은 '모두, 많은, 완전, 온전'을 뜻한다. 따라서 백제가 갖는 국호의 이미지는 단순한 숫자의 차용 이미지가 아니라 많은 사람들이 따르고 그 사람들에 의해 이루어진 국가라는 의미가 있다.

또한 백성百姓이라는 단어의 백百도 많은 사람을 뜻한다. 백년가약百年佳約, 백수白壽를 누리다, 백약百藥이 무효, 백전백승百戰百勝, 백배사죄百拜謝罪 등의 단어에서 백이라는 숫자는 단순한 숫자가 아닌 '아주 많다 혹은 오랜 기간, 모든 것'이라는 의미를 지닌다.

군수 취임을 하고 100일이 다가오자 관례대로 100일 기념을 맞이해 그동안의 성과와 공약사업전반에 대한 브리핑을 갖자고 하였다. 그런데 불현듯 우리 괴산군민 다수가 갑작스런 물난리를 겪고 있는데 취임 100일 잔치하듯 100일 기념을 하는 건 아니다 싶은 생각이 들었다. 그래서 그동안 준비해온 100일 기념 브리핑은 일선 수해피해 복구현장에서 고초를 겪고 있는 군민과 같이하기로 하고 취임 100일 되는 날, 아침 일찍 수해피해복구 현장으로 달려갔다.

앞에서 100이라는 숫자가 의미하듯 많은 군민들이 진정 원하고 바라는 것이 무엇인지를 따르는 것이 진정한 공직자로서 우리 괴산을 지키는 사람의 몫이 아닌가 하는 생각에서 나온 행동이었다.

새벽 고추시장과 고추축제

매년 8월이 되면 3.8 괴산장날에만 새벽 5시에 홍고추시장이 열린다. 나도 8월의 어느 장날, 변함없이 새벽 5시 홍고추시장에 나갔다.

고추가 흉년이라 여덟 포대밖에 따지 못했다며 경운기에 싣고 20리 길 새벽시장에 고추를 팔러 오신 농민이 있었다. 수원에서 고추를 사러 오신 분은 비싸다며 돌아가는 것을 겨우 붙잡아 차를 한잔 드린 후 흥정을 붙였다. 금년도 최고가격인 13만 원씩 8부대 104만 원을 받아드렸다. 새벽부터 경운기로 20리 길을 나와 고추를 팔고 돌아가는 농민과 맛 좋은 고추를 좋은 가격에 사간다며 웃고 좋아하는 양측의 사람들을 보며 참으로 흐뭇했다.

또한 괴산고추축제는 충북을 대표하는 자랑거리다. 이 축제는 지난 2001년 시작해 지난해 벌써 17번째를 맞았다. 특히 괴산고추축제는 청결고추를 테마로 한 지역문화축제라는 점에서 그 의미를 더한다. 고추는 어느 곳에서나 잘 자라지만 그 고유의 맛과 향을 살리기 위해서는 온도와 습도 등에 세밀한 신경을 써야 한다. 토양 또한 보수력이 높은 토양일 때 최상품의 고추를 생산할 수 있다. 해발 250m 산간의 청정고랭지인 괴산은 풍부한 일조량과 밤낮 간 큰 일교차로 고추색상이 선명하고, 특유의 맛과 향을 지닌 청결고추를 생산하고 있다.

나에게 고추축제가 주는 의미는 각별하다. 지난해 한국보훈학회 부회장 자격으로 고추판매를 위해 미국 LA 한인장터와 오렌지카운티에서 열리는 한인장터 행사에 초청받아, 괴산고추축제 때 수매·가공한 고춧가루와 인삼 등을 가지고 방미 길에 올랐었다.

또 미국에서의 가격경쟁력과 선호도를 파악하기 위하여 표고버섯과 사과즙 견본품, 절임배추 홍보물 등을 가지고 가서 선보인 바 있다.

특히 방미기간 중 미국 LA지역 인사들과 심도 있는 대화를 통해 괴산에서 생산된 고춧가루와 인삼, 말린 표고버섯, 사과즙, 절임배추 등이 미국시장에서 품질의 우수성을 인증 받아 교민들로부터 좋은 반응을 얻었다.

나는 누구보다 괴산을 사랑한다. 군민들이 행복해질 수 있다면 최선을 다해 군민들을 섬기고 우리 농산물과 청정괴산을 알리는 데 앞장설 것이다. 괴산고추축제는 문화체육관광부가 선정한 2017 유망축제이다. 괴산고추축제가 진정한 지역문화축제로 자리 잡고 우수축제가 될 수 있도록 군민들이 다 함께 동참해 주길 바란다.

추석 음식물 쓰레기 수거

작년 추석명절, 모 초등학교 동문체육대회가 열리고 있는 운동장을 찾았다. “추석명절은 잘 쉬셨어요?”하며 인사를 나누던 중 한 주민으로부터 “음식물 쓰레기통이 가득차서 냄새가 나 죽겠어”라는 이야기를 들었다.

‘명절 차례를 지내며 발생한 음식물쓰레기가 많이 나온 모양

추석연휴 음식물 쓰레기 4.5톤 수거

이구나. 나한테 얘기할 정도면 냄새가 심한데 이참에 내가 군민들의 음식물 쓰레기 환경을 짚어봐야겠다'는 생각이 들어 다음날인 6일, 음식물쓰레기 수거차량운전공무원에게 부탁을 해서 읍내 시가지와 지역 곳곳을 꼼꼼히 다니며, 명절기간 쌓인 음식물을 하나도 빠짐없이 직접 운반하고 차에 적재를 했다.

처리량을 물어보니 4.5톤 정도 된다고 하니 비 오는 궂은 날씨에 흘린 땀방울이 진주 보석보다 더 좋아보였다. 이렇게 하나하나 군정업무를 현장에서 느낄 수 있는 기회가 참으로 소중하다고 생각한다.

호국원 입구 다락재 – 보훈요양시설

나라를 위하여 자신을 바친 분들의 노후에 편안한 쉼터와 안전한 요양보호 서비스를 제공하는 것은 당연한 일이다. 괴산 및 인접한 지역의 보훈대상자가 5만여 명에 이르는데, 이들이 요양서비스를 받으려면, 시간적, 경제적 비용이 많이 소요되는 대전 보훈요양원을 이용해야 하는 불편을 겪고 있다. 이를 위한 보다 근본적인 대책으로 국립괴산보훈요양원 설립이 절실히 필요한 상황이다.

이런 이유로, '국립보훈요양원' 괴산군 유치를 국가보훈청에 건의했다. 장소는 괴산군 문광면 595-2번지 일원으로 사업비는 300억 원 정도가 소요된다. 오래전부터 한국보훈학회에서 총무이사를 거쳐 부회장으로 있으면서, 보훈가족에 많은 정책을 제시하여 국가보훈처와는 밀접한 관계를 유지하고 있다.

우리 군은 2019년 3월 완공을 목표로 건립중인 국립호국원 대상지로서 국립보훈요양원 건립 시 보훈의료복지 인프라가 구축되어 국가유공자의 사후 현충시설과 사전요양서비스로 보훈복지 체계 구축의 보훈 패러다임과 일치하게 된다.

국립보훈요양원이 괴산군에 꼭 유치되어 4만여 군민과 보훈가족의 염원이 성취되길 기원한다.

중원대학교 기숙사 문제 해결 및 상생방안

중원대학교는 2009년 개교되어, 처음 입학 당시에는 260여 명으로 시작하여 지금은 4천여 명의 학생이 학문에 전념하며 지역경제에 활력을 불어 넣어주고 있다. 그러나 중원대학교 불법건축물로 인한 사법처리와 행정처분에 따른 행정소송으로 인해, 학생들은 숙소를 확보하지 못하여 인근지역에서 통학을 하고 있다. 심지어 기숙사 1실에 7~8명까지 사용하고 있어 학생들은 학교에 대한 원망을 넘어 괴산군까지 비난하는 지경에 이르게 되었다.

학교 측에서는 지역 내 숙소를 구하지 못하여, 외지에서 통학하는 학생들에게 비용을 지불하고 있고, 지역 상인들은 주 고객층인 학생들이 타 지역에서 통학하고 있어 관내 업소를 이용하지 않는다며 아우성이다.

미니복합타운이 건설될 예정이긴 하지만, 지금 당장의 해결이 필요한 사항이었다. 기숙사 정상화를 위해 지난해 7월부터 양성화 검토, 군정발전자문위원회, 관계공무원과 같이 현지 점검, 현안문제 해결을 위한 중앙부처 방문, 군민대토론회, 지역원로 군정자문회의, 학생들과 토론회, 중원대 추진상황을 총장님과 관계자가 수시로 점검하는 등 문제 해결을 위해 다각적으로 노력했다.

군의회에서는 문제 해결을 위한 지역발전협의회 구성을 건의 및 성명서를 발표하였으며, 사회단체협의회, 여성단체협의회에서도 상생발전 성명서를 발표했다. 중원대 기숙사 문제는 서로의 노력으로 이제 매듭이 하나 둘 풀리고 있다. 중원대학교에서 건축허가서류 등 빠른 조치를 취하게 되면, 곧 정상화될 것으로 기대한다.

지난달 23일에는 2018년 전기 학위수여식을 가졌는데, 그 자리에서 학위를 취득하는 졸업생에게 이렇게 말했다. "사회에 첫발을 내딛는 졸업생에게 축하드리며, 작지만 큰 도시, 유기농괴산 장수도시와의 소중한 인연을 잊지 말고 제2의 고향으로 여겨 괴산의 홍보대사로 남아주십시오."

지역과 대학이 서로 상생하고 학생들에게 희망을 줄 수 있는 군정을 펼치도록 할 것이다.

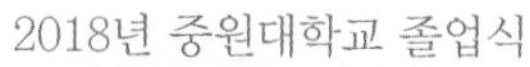
2018년 중원대학교 졸업식

군민건강을 위한 노력

1) 통합재활센터 증개축 및 재활장비 등 구비

지역사회 장애인을 대상으로 재활치료프로그램을 운영함으로써 재활을 지원하고 장애인 및 가족들의 사회적 참여를 증대시키고자 국비 등 6천 6백여만 원을 들여 통합재활센터를 209㎡로 증개축하고 지역사회 등록 중증장애인을 대상으로 장애인 건강증진 및 재활치료프로그램 운영, 재활기구 나눔의 장을 운영하고자 한다. 또한 국비 등 1억 8천여만 원 예산으로 전동기립 훈련기 등 13종의 재활장비를 구입하여 장애인 재활서비스 제공과 장애 발생 예방교육으로 장애인의 사회복귀를 도모해 나갈 것이다.

또한, 우리나라 사망원인 1순위인 암 환자의 재발 방지 및 허약 어르신의 건강관리를 위해 몸의 온도를 높여 면역력을 증강시키고자 2천 5백여만 원 예산으로 주열기 및 주열돔 등을 구입하였다.

2) 가임여성 건강검진비 지원

가임여성에게 건강검진 서비스를 제공하여 안전하고 건강한 분만을 유도하고 태아와 모성의 건강 증진을 도모하고자 7백 5십만 원 예산으로 관내 병원과 위탁 협약을 통해 가임여성 150명에게 B형간염 및 풍진 항체 검진비를 지원하고자 했다.

모성과 아동은 예방사업으로 얻는 효과가 큰 점을 감안, 가임여성 건강검진 등 사전·예방적 건강관리가 필요하다. 이 사업을 통해 임산부 및 태아의 건강증진 도모로 출생에서부터 체계적 예방보건서비스 실시로 평생건강의 초석이 될 것을 기대해 본다.

3) 여학생 자궁경부암 무료 예방접종

자궁경부암 원인의 약 70%를 차지하는 유전형 중 사람유두종바이러스HPV 예방접종을 실시하여 자궁경부암 발생을 예방하고 질병부담을 감소시켜 건강수명을 연장하고자 관내 중·고등학교 여학생을 대상으로 2천 6백만 원 예산으로 자궁경부암 무료 예방접종을 실시한다.

4) 어르신을 위한 대상포진 및 파상풍 예방접종

면역력이 떨어지는 연령에서 많이 발생하는 대상포진은 수두바이러스의 재활성화에 의해서 일어나며, 반복하여 발생하고 심한 통증을 유발하나 예방접종 시 예방효과가 크다. 파상풍균은 오염된 피부의 상처를 통해 침범하여 안면 및 전신에 경련을 유발하며 사망률이 높은 질환으로 농업군인 우리 군에 꼭 필요한 사업이다.

65세 이상 어르신에게 4억 9천여만 원의 예산으로 대상포진 및 파상풍 예방백신을 구입하여 대상포진은 1회 접종, 파상풍은 3회에 걸쳐 접종하며 구입단가의 70%를 지원해 나감으로써 인공면역 획득을 통한 건강수명 연장으로 군민행복에 기여하고 싶다.

5) 치매안심센터 및 정신건강복지센터 신축

우리 군은 65세 이상 인구가 2017년 말 30.4%에 이르는 초고령화 사회로 고령으로 인한 질병 증가와 더불어 양적·질적 보건의료서비스 욕구 증가에 따른 보건대책 및 보건기관의 역할이 증대되었다.

우리 군의 65세 이상 인구가 11,898명으로 치매유병율 9.8%를 대비할 때 1,166명으로 예상된다. 치매의 예방 및 조기발견으로 중증 치매 이행 지연, 국가 및 가계 부담을 경감하고자 국비 등 15억 원을 마련, 1층 치매안심센터, 2층 정신건강복지센터를 총720㎡ 규모로 신축하고 전담팀인 정신건강팀을 신설하여 치매안심센터를 신축하여 치매업무를 확대해 나갈 것이며, 주민의 정신건강을 도모하고 정신질환의 예방, 조기발견, 상담, 치료, 재활 및 사회복귀 도모로 삶의 질을 향상시키고자 정신건강복지센터를 이전 신축하기로 했다.

치매는 조기에 발견하고 조기에 치료 관리하면 중증으로의 이행을 지연시킬 수 있다. 각 마을단위로 치매선별검사란 그물을 촘촘히 치고, 그 결과 인지저하 등 고위험군에 대하여는 치매진단 및 감별검사를 통해 치매환자를 등록하여 그에 맞는 치매관리 정책을 펼쳐 나가는 한편, 각 보건지소 및 보건진료소에서는 대상 마을을 선정하여 어르신들의 인지향상을 위한 회상놀이, 인지강화훈련, 수공예 프로그램 등 인지건강프로그램을 운영하고 점차 확대해 나아갈 방침이다.

치매조기검진 결과 치매환자로 등록되면 치매치료를 잘 받으시라고 월 3만 원 이내에서 치매치료관리비도 지원해 드리고, 인지건강프로그램도 운영한다. 중증치매환자에게는 기저귀, 물티슈, 방수포 등 조호물품을 지원하며 실종예방을 위해 속옷 등에 인식표도 부착해 드리고 있다.

가족 중에 치매환자가 있으면 경제적 부담은 두말할 것도 없고 환자를 돌보는데 정신적 · 육체적 여러 가지 고통이 따른다. 치매가족교실 운영, 자조모임 운영을 확대 지원하고 치매환자 돌봄재활 지원 서비스를 제공함으로써 치매노인이 보다 건강한 삶을 누릴 수 있기를 기대해 본다.

또한 치매극복의 날 행사, 치매예방교육, 치매사업 홍보 등, 치매 인식을 개선해 갈 것이다. 치매안심센터가 개원되면 이 모든 사업을 체계적으로, 전문적으로 개입하여 치매관리를 확대 강화하여 치매로부터 고통 받지 않는 괴산군 실현에 최선을 다해 나갈 것이다.

또한 정신건강복지센터가 이전 신축되면 통합적인 정신질환자 관리 체계를 구축하여 자살예방 및 생명존중문화 조성사업을 실시하여 중증 정신질환자 등록 관리는 물론 주간 재활프로그램 운영, 자살예방 및 정신건강교육 등 다양하고 차별화된 프로그램 등을 확대 실시할 것이고, 특히 우리 군이 특화사업으로 추진하는 우울증환자 치료비 지원을 통해 자살을 예방하고 노인정신건강종합검진을 확대 추진하여 근거 중심의 정신건강사업을 펼치고 소외계층의 정신건강증진을 도모해 나감으로써 건강하게 장수하는 괴산군! 행복한 괴산군! 미래가 생기 넘치는 꿈이 있는 괴산군을 건설해 나갈 것이다.

복지 7대 정책 추진

지난해 재·보궐선거에서 당선된 후, 취임사에서 "잘사는 농촌·농민! 건강하고 행복한 군민! 활력 넘치는 지역경제 활성화!"라는 비전을 제시하였다. 실제로 군정을 살펴보니 우리 군민들을 위한 복지정책을 쉽게 이해하고 구체적으로 추진해야 할 필요성을 느끼게 되었다.

후보시절 어느 경로당에 가보았더니, 외부 벽에는 노란색 아크릴판으로 '무더위 쉼터'라고 써 붙여 있었다. 경로당 문을 열고 들어가 보니 찜통이었다. 이곳에 에어컨을 설치한다면 동네분들이 한여름 무더울 때 쉬다가 해질 무렵 시원할 때 들녘에 나가 일하는 데에 좋을 것 같다는 생각이 들었다.

또한, 청천면 근평리 마을회관은 결로현상으로 벽에 곰팡이가 생겨 냄새가 났다. 그래서 지저분한 경로당은 깔끔하게 수리하여 건강하고 편안한 생활을 할 수 있도록 해야겠다고 생각했다.

그리고 대상포진으로 고생하시는 노인들을 보았다. 예방주사가 있으나 돈이 없어 고통스런 질병에 시달려야 하는 어른들의 노후를 보장하기 위해 새로운 복지 정책을 추진하였다.

1. 더울 때는 시원하게
2. 추울 때는 따뜻하게
3. 배고플 때는 배부르게
4. 아플 때는 안 아프게
5. 더러운 곳은 깨끗하게
6. 젊은이들에겐 꿈과 희망을
7. 어르신들에겐 편안함과 즐거움을

이를 통해 괴산군민들의 삶이 행복함을 느끼도록 하였다.

진짜 괴산인을 만들기 위해

'청소년이 곧 미래다'

백년대계를 위해 나는 우리 괴산의 미래인 청소년 교육문제에도 심혈을 기울였다. 작년에는 여름방학 19일 동안 중학생들을 미국으로 보내는 프로그램을 실시하였다. 그 연수에 참여한 우리 학생들의 변화는 기대 이상이었다. 올해에는 괴산고등학교와 목도고등학교 학생을 대상으로 여름방학 때, 전원 자기가 원하는 나라미국, 일본. 중국, 호주, 프랑스 중 하나를 선택하게 된다. 나라 구성을 이렇게 한 이유는 미국은 자부담이 크고 중국은 거의 없어서 선택의 폭을 넓힐 수 있기 때문이었다.

내가 청소년들의 교육에 남다른 관심을 갖는 것은 괴산에서 태어나고 자란 아이들을 제대로 교육시켜 진짜 괴산인을 만들고 싶기 때문이다. 10년, 20년 후에 그들이 이끌어갈 괴산의 미래는 훨씬 밝을 것이다. 기숙사도 대폭 시설을 개선해 집에서 자는 것보다 잠자리가 편하고, 먹는 것도 맛있으며 부족하지 않고, 공부하는 것도 편안함과 집중력을 높일 수 있도록 함으로써 원하는 대학에 진학하거나 취업할 수 있도록 하여, 괴산인의 명성과 괴산을 사랑하는 마음을 갖도록 하려고 하는 것이다.

2017년 여름방학 때 중학생 11명의 19일간 미국연수

군민대토론회

"일은 혼자 하는 것이 아니고 같이 하는 것이다."

작년 4월 군수 취임 이후 아침 일찍부터 저녁 늦게까지 군정

업무에 매진을 해왔다. 2017년 한 해를 마무리하며 취임 이후 산적했던 현안사업 추진내용을 군민 여러분께 보고 드리고 앞으로 더 잘할 수 있는 방안이 무엇일까 같이 고민하는 시간을 갖는 게 나를 믿고 지지해준 군민 여러분에 대한 도리라고 생각했다.

일일이 하나하나 다 할 순 없고 가장 큰 현안사업을 중심으로 토론회를 준비하여 군민 여러분과의 시간을 가졌다. 토론회는 5개 과제를 선정하여, 약 25명이 참가한 가운데 진행되었다.

1. 중원대학교 기숙사 양성화
2. 대재산업단지 분양

3. (구)궁전모텔 활용 및 개발 방안

4. 능촌리 광역쓰레기 소각장 건설에 따른 주민피해 대책안

5. 국립호국원 공사에 따른 진입로 개선 방안

이번 토론회를 통해 군정의 추진방향을 군민과 공유하고 주요 현안사업에 대한 군민들의 의견을 직접 들을 수 있는 자리로 군민들과 함께 소통하는 괴산군정실현의 장이 되었다고 자부한다.

고마우신 분들

자원봉사자의 아름다운 손길

기쁨을 함께 나누는 것도 좋은 일이지만 슬픔을 함께 나누는 것만큼 아름다운 일도 또 없다. 작년 여름 괴산은 집중폭우로 인해 큰 피해를 입었다. 그때 괴산의 수해복구를 위해 한마음 한뜻으로 도와주고 구호품을 보내준 여러 단체들에게 다시 한 번 감사의 인사를 드린다.

특히 농림식품부 직원들과 함께 땀 흘려 일한 김영록 장관님과 700명의 군인을 지원해 준 37사단장 박신원 장군님, 중앙경찰학교 학생 1500명, 박재진 충북경찰청장님과 총경 50명, 경기도 경찰청 기동대 소속 588명의 전·의경을 보내준 이철성 경찰청장님, 그리고 수해물품을 한 차 가득 싣고 온 의정부 안

병용 시장님, 박세복 영동군수님, 김영만 옥천군수님, 이필용 음성군수님, 심재국 평창군수님, 이성 구로구청장님, 노현송 서울 강서구청장님, 이필운 안양시장님, 김홍섭 인천 중구청장님, 유종필 관악구청장님, 그리고 이름을 다 쓸 수 없을 정도로 많은 분들이 물심양면으로 도와주었다.

그리고 박원순 서울시장님 이야기를 빼놓을 수 없다.

괴산이 수해로 한창 몸살을 앓고 있던 작년 7월 30일, 박원순 서울시장님과 사모님, 서울시 직원들과 자원봉사 여러분들

추석 전 서울시청앞 농산물 판매행사

이 버스 8대에 나누어 타고 청천면 부성리와 강평리, 귀만리의 침수된 인삼밭에서 비닐과 차광막을 걷고 지주목과 가로목을 정리하는 등 자원봉사를 하시러 오셨다. 나는 한걸음에 달려가 고마운 손길을 주시는 분들을 반갑게 맞이하였고, 괴산군과 서울시가 함께할 수 있는 것이 무엇일까 연구한 끝에 시장님께 몇 가지 제안을 드렸다.

첫 번째는 "시장님, 괴산군과 서울시 자매결연을 해주십시오." 였다. 이 얘기를 들은 주변사람들이 내게 참 겁도 없다고 이야기했다. 어떻게 4만 명도 안 되는 괴산군과 1000만 명의 서울특별시가 자매결연을 하느냐는 것이었다. 그러나 박원순 시장님은 한 번에 수락하셨다.

두 번째는 "우리 괴산 농산물이 수해로 큰 피해가 났음에도 불구하고, 시장님께서 오셔서 흘린 땀이 귀한 거름이 되어 명품 농산물을 생산하게 되었습니다. 이 귀한 농산물을 서울시에

서 판매할 수 있도록 서울시청 광장을 내주십시오."였다. 그 결과 2017년 10월 17~18일 양일에 걸쳐 서울시청 앞 광장을 얻어냈다. 그 효과는 어마어마했다. 시청 앞 푸른 광장에서 "괴산군 명품 농산물이 왔습니다. 많이 사 주세요"라고 소리치며 팔 수 있었다.

또한 8월 28일에는 (사)충북연회 희망봉사단단장 이병우과 괴산중앙교회 홍일기 목사님이 괴산군청에서 민관협력 협약을 체결하고, 양 기관은 지역사회의 복지향상과 사회공익에 기여하기로 하였다.

희망봉사단은 괴산군에 매년 1채 이상의 사랑의 집을 지어

무상으로 기증하도록 하고 자원봉사 활동은 물론 사랑의 집짓기, 구호봉사활동, 해외자원봉사, 병원비 지원, 사랑의 연탄 나누기 등 다양한 분야에서 봉사활동을 추진하겠다며 전국 대한감리회 교회와 기관에서 보내온 수해가정 장학기금 1,000만 원 등 약 7,000만 원 상당을 지원해 주셨다. 심지어 2018년 2월 10일에는 칠성면에 거주하는 장애인 가정을 위해 사랑의 집을 지어주셨다. 감사 또 감사드린다.

선물

가끔은 과다한 업무와 눈코 뜰 새 없이 바쁜 일상에 지칠 때가 있는데, 그럴 때마다 꼭 힘이 되는 분들의 연락을 받곤 한다.

지난해 10월 18일 서울시청 앞 광장에서 농산물 판매를 하던 날이다. 김동길 박사님께서 전화를 주셨다. 서울에 왔으면 당신 집에 좀 다녀가라는 말씀이었다. 연세대 옆에서 70년째 살고 계신 박사님 댁으로 갔다. 박사님께서는 여전히 책들이 빼곡히 쌓인 서재에 계셨다. 차 한 잔 마시며 이런저런 고귀한 이야기를 들려주시더니 간단히 저녁을 먹으러 가자고 하셨다. 롯데호텔 초밥집에서 맛있는 저녁을 사주셨다. 저녁을 먹고 나오는 길에 박사님께서 "이거 잘 쓰라우." 하시며 '김동길' 이름이 새겨진 펜을 주셨다. "박사님, 더욱 건강하세요! 좋은 글, 올바르게 잘 쓰겠습니다."라고 인사를 드린 후 발길을 돌려 왔다.

김동길 교수님 자택방문

작년 추석엔 서울시 박원순 시장님으로부터 정말 큰 선물을 받았다.

2017년 9월 25일 서울시청 앞 광장에서 추석맞이 농산물판매전과 송편 나눔 행사를 개최하였다. 박원순 서울시장님께서 특별히 배려하여 초대해 주셨고 함께 단상에 자리해 주셨다. 또한 시장님께서는 지난여름 수해 때에도 직접 내려오셔서 괴산군의 수해복구를 위해 힘을 보태주셨고, 10월 18일 서울시청 앞 광장에서 괴산농산물 대 판매전을 열 수 있도록 배려해 주셔서 괴산의 청정 농산물을 크게 홍보할 수 있었다. 이를 계기로 서울시 부녀회장과 함께 괴산절임배추와 사과, 인삼 등 괴산 농·특산물을 적극 구매할 수 있도록 홍보하겠다고 약속하신 바 있다.

이 약속을 잊지 않고 서울시 이순남 부녀회장과 25개 구청 부녀회장, 총무님들이 11월 1일 괴산을 찾아와 김장 담기 행사를 하였다. 버스를 대절하여 내려온 이분들은 김장 300박스를 담아 트럭에 한 차 싣고 서울시청으로 가서 불우한 이웃들에게 나눔의 행사를 하였다. 배추가 맛이 좋고 양념이 최고라며 극찬을 하였으며 이로 인해 많은 배추 주문이 들어왔다. 약속을 지켜주신 박원순 시장님과 부녀회장님들께 감사의 인사를 전한다.

서울시청 앞에서 추석 농산물 판매전 행사

이순남 서울시 새마을부녀회장 괴산에서 김장 300박스 담그기 행사

행복한 군민
희망찬 괴산

충북시장, 군수회의 – 성불산, 중부고속도로

지난해 8월 18일 성불산 산림휴양단지에서 충북시장·군수협의회 정례회를 개최했다. 이날 주요 핵심 논의사항은 농민을 살리고 지역경제 활성화에 기여하는 안건으로 유해야생동물 포획 활동 지원, 청탁금지법 대상에서 농축산물 가액 적정기준으로 변경, 중부고속도로 호법–남이 구간 확장 신속추진 등으로 건의문을 채택했다.

유해조수에 의한 농작물 피해 예방을 위해 시설물 설치비 등 국비지원을 요구하는 건의문을 중앙정부에 제출하기도 하였다. 유해야생동물 포획기간 내 24시간 총기 출고 및 영치가 가능토록 건의했다. 3년 단위로 허용하던 수렵장을 자치단체장의 결정에 따라 상시 운영할 수 있도록 개정을 건의했다.

특히 청탁금지법 시행 이후 큰 피해를 보고 있는 지역 농가를 위해 청탁금지법 적용 대상에서 제외하던지 아니면 적정 가액으로 변경하는 안을 가지고 토론 끝에 국내 생산 농축산물 선물가액을 5만 원에서 10만 원으로 변경하는 청탁금지법 개정의 조속한 추진을 촉구하는 건의문을 중앙정부에 제출하기로 하였다. 이는 결국에 법 개정으로 이어졌다. 또한, 충북의 수출과 생산을 주도하는 생명선인 중부고속도로의 호법-남이 구간 확장을 요구하며 서울-세종 고속도로와 관계없이 별개의 사업비로 정부예산에 반영해 줄 것을 촉구했다.

괴산 성불산에서 개최된 시장·군수협의회에서 3가지 건의문을 채택하여, 현재 농·축산물 선물가액을 10만 원으로 높인 것과 중부고속도로 일부구간 확장 건은 실현되었다. 또한 정례회를 마친 뒤 단지 내 한옥체험관에서 괴산의 대표 브랜드로 적극 개발 중인 괴산장수밥상을 선보여 큰 호응을 얻었다.

성불산에서 충북 시장 · 군수 협의회 개최

농업지킴이 드론 출격

지난해 8월 14일 오후 5시, 괴산군 사리면 일원에서 농업용 드론초경량 비행장치을 이용한 병해충 방제 기술 시연회가 있었다.

농업용 드론은 농가 개개인이 동력살포기를 이용하면 3시간 30분을 작업해야 마칠 수 있는 약 3000평의 논을 단 10분이면 방제할 수 있다고 한다. 3시간 30분의 작업량을 단 10분 만에 끝내다니! 그것뿐만이 아니다. 방제작업에 드론을 이용하면 능률 향상은 물론, 농약중독 사고도 막을 수 있는 장점이 있고 농약 살포 효율을 높여 살포량 절감 효과도 거둘 수 있다고 했다.

이날 직접 드론 방제작업을 시연한 이관식 씨는 "드론을 이용하면 광역살포기로 방제가 용이하지 못한 사각지역까지 방제가 가능하며, 여성농업인이 다루기에도 기존 기계보다 훨씬 편리하다"고 하였다.

특히 최근 집중호우 및 고온 지속으로 병해충 발생이 많은 상황이기 때문에 드론을 이용한 적기 방제로 병해충 없는 고품질 벼를 생산할 수 있도록 최선을 다하겠다는 생각을 갖게 되었다.

미국LA 한인축제

2016년 9월 21일부터 미국에서 열린 '제43회 로스앤젤레스 한인축제'에 참가하여 교민단체와 신뢰관계를 구축하고 괴산지역 현안사업에 관해 업무협약MOU을 체결하고 돌아왔었다. 괴산군민을 위한 지역현안 과제로 괴산 농·특산물 수출과 중·고 청소년의 미국 어학연수 및 문화탐방 계획을 가지고 미국의 지인들을 믿고 출국한 것이었다.

LA공항에 내려 곧바로 찾아간 곳은 '한인축제재단'이었으며, 다음날 행사준비를 위해 바쁘게 일하던 박윤숙 회장과 임직원들은 일손을 멈추고 우리 일행을 반갑게 맞이해 주었다. 이 자리에서 나는 제43회째 LA한인축제가 이어오기까지 "우리 한인들은 어렵고 힘든 일도 마다하지 않고 먹고 입고 잠자는 것까지도 줄여가며 성실함과 명석함을 인정받은 개척자였으며, 또한 미국에 일자리가 생기면 친척과 친구가 올 수 있도록 만들어 주는 등 오늘날 아름다운 코리아타운을 건설하고 대한민국의 발전과 위상을 드높인 애국자"라며 감사와 찬사의 인사를 드렸다.

한인축제 재단 박윤숙 회장은 우리 일행으로부터 "괴산 발전과 농촌사랑에 대한 열정과 향수를 느낀다"며 아내 안미선과 함께 개막식 VIP단상에 오르도록 자리를 마련해 주고, 중요인사들에게 소개시켜 주었으며, 퍼레이드가 펼쳐지는 날에도 본부석 자리까지 배려해 주시는 분에 넘치는 환대를 받았다.

한편, LA충청향우회, 민주평통자문협의회, 재향군인회에서는 괴산의 농·특산물의 판매망 구축과 중·고 청소년 미국 어학연수 및 문화탐방을 위한 3주 과정으로 진행할 수 있도록 편의를 제공한다는 업무협약MOU을 모두 체결하였다. 또한 LA와 오렌지카운티에 있는 교회와 성당, 한인이 운영하는 학교 등 여러 단체에서는 우리 괴산고추가루가 품질이 좋다는 평가와 함께 앞으로도 1Kg 포장당 30$에 지속적으로 공급하기로 약속을 하는 등, 내가 생각해도 놀라운 성과를 거두었다.

이 행사에 뒤이어 부산시장의 초청을 받고 귀국한 임태랑 LA민주평화통일협의회장이 재일동포 황무영 회장과 함께 10

월7일 괴산을 방문하여 '나라사랑 괴산발전'이라는 주제를 가지고 이야기를 나누었다.

돌이켜보면, 미국에서의 성과는 정성으로 농사를 잘 지어 품질 좋은 고춧가루를 제공한 괴산 농민들과 미국 지역사회에 인연을 맺어 준 분들 덕분이며, 나 혼자의 힘으로는 도저히 이룰 수 없었던 일이라 생각한다. 이 성과는 괴산군수의 성과가 아닌 괴산군민 전체의 성과라 할 수 있다.

앞으로 괴산 농 · 특산물을 지속적으로 수출하기 위해서는 미국에 들어갈 수 있는 농산물의 수요를 정확하게 분석하고, 이를 추진할 인맥 관리는 물론 세계유기농산업엑스포를 성공적으로 개최한 청정지역임을 홍보하는 등 차별화 전략을 세워 나가야 한다고 생각한다.

제43회 한인축제에 참가한 인연으로 작년에도 직접 참가하기로 하였으나, 집중호우 뒷마무리 및 산적한 군정 해결이 급하였다. 그래서 박기익 부군수를 단장으로 한 18명의 방문단을 꾸려 미국 LA로 2017년 10월 11일에 출국했다.

우리 괴산군 LA방문단은 세계한인무역협회OKTA와 괴산 농특산물 및 농식품 해외 판매를 위한 업무협약을 체결해 왔고, LA에서 주요 상권을 형성하고 있는 한남체인, 파머스마켓을 방문하여 지역 업체가 참여한 가운데 현지 단체 등과 간담회를 개최하였다. 특히 한인축제 행사장에 괴산군 부스를 설치하여 미미식품, 괴산군조합공동사업법인, 중앙식품, 한백식품, 괴산잡곡 등에서 가져간 농·특산물과 가공식품 등을 조기 완판하는 등 우리 군 농·특산물의 우수성을 해외에 알리고 왔다.

앞으로도 한인축제 참여 등 괴산에서 생산된 농·특산물 및 농식품의 우수성을 미국시장에 적극 알리는 등 해외경쟁력을 높이는 데 힘을 쏟을 것이다.

위) 제43회 LA 한인축제 개막식에 참석한 나용찬 · 안미선 부부
아래) 나용찬과 임태랑 LA민족평화통일협의회장과 MOU체결

알고아 정상회의와 세계유기농대회

ALGOA는 유기농 아세아 지방정부와 농민단체로 구성된 협의회로 대한민국 괴산군이 의장국이면서 괴산군수가 의장 역할을 맡고 있다. 정상회의에 참석해 보니 의사전달에 대해 명쾌함을 주어야만 의견소통과 홍보의 효과성을 높일 수 있었다.

괴산은 자연환경이 좋고 훌륭한 먹거리가 많이 생산되고 있다. 무엇보다 유기농에 대한 중요성을 알렸다. “괴산군은 이러이러한 좋은 점이 있는 곳”이라고 알린 것이 큰 효과를 보았다. 그런데 아쉽게도 지방자치단체는 외국과의 행사를 별로 중요시 여기지 않는다. 왜냐하면 상징성과 홍보성만 있을 뿐 효과성이

제3차 ALGOA 정상회의 개최

별로 없어서인 것 같았다.

하지만 우리 군은 적극적으로 홍보했다. 오직 우리 괴산만이 보였기 때문이다. "괴산하면 유기농, 유기농 하면 괴산 아닌가!" 세계에 우리 괴산을 알리고 그들과 정보를 교환하며, 괴산농업의 발전과 미래를 위해 최선의 노력을 다할 것이라 다짐했다.

또한, 80개국 4만 명이 모인 행사인 세계 유기농 대회에서 내가 직접 괴산을 알리고 어마어마한 박수갈채를 받았다. 그래서 우스갯소리로 "세계 유기농대회에서 가장 플래시를 많이 받은 사람은 괴산군수다."라는 얘기가 나올 정도로 큰 관심을 받았으며, '괴산군 지역유기농 식품체계'가 세계유기농대회 'UN 2030 어젠다 글로벌 도전과제'로 확정되었고 나 개인적으로는 공로상까지 수상하는 영광을 얻게 되었다.

인도에서 개최한 세계 유기농 대회 참석 - 공로상 수상

그 뒤 인도를 떠나 캄보디아로 입국했다. 캄보디아 농림부와 회의가 있었는데, 우리 군 요청으로 캄보디아에 농업인력 교류에 대한 사안도 협의하였다. 괴산군 농가의 일손부족을 해소하기 위해서 캄보디아 농림부MAFF와의 MOU를 체결하게 되었으며, 이로 인해 안정적으로 계절근로자를 확보하게 되었다.

인도 세계유기농대회 참석과 캄보디아 교류 방문을 통해서 우리가 사는 이곳 괴산이 얼마나 자랑스런 곳인지, 대한민국의 작지만 강한 괴산군이 아시아의 중심을 넘어 세계로 나아가고 있는 것을 온 몸으로 느낄 수 있었던 해외출장이었다.

문화 · 예술 · 공연 전폭지원

당선이 되고 난 후, 현안업무를 파악하는 과정에서 우리 군민들의 문화복지가 생각보다 많이 열악한 상황이라는 걸 알게 되었다. 예산에는 한계가 있고, 최대의 효과를 낼 수 있는 방안이 없을까 고민하던 중, 예능재능꾼들이 생각이 났다. 이분들은 군수선거를 앞두고 괴산 구석구석을 찾아다니던 중 만났던 분들인데, 장소만 잘 제공해주면 재능을 뽐낼 수 있는 실력을 가진 분들이었다. 머릿속에서 점점 그림이 그려지기 시작했다. 나의 역할은 그들과 군민을 연결해 주는 것, 그리고 그 장소를 제공해 주는 것이다. 관련부서인 문화관광과 직원들과 머리를 맞대고 찾은 장소는 홍명희 생가였다.

그렇게 장소를 제공하고, 예능재능꾼과 군민들을 연결해 주고 나니, 작년 10월 말까지 토요일 저녁에 군민들이 함께하는 문화예술공연이 성공적으로 개최되었다.

또, 우리 군민이 군 내에서 최신영화를 볼 수 없는 것이 현실이었다. 그래서 멀리 청주까지 영화를 보러 가곤 하는데, 이제부터는 장날마다 최신영화를 괴산에서 볼 수 있게 되었다.

작년 국토부공모사업인 투자선도지구사업100억의 민간투자사업 분야인 '아이쿱생협'에서 영화관을 포함한 복합지원센터 기공식을 작년 10월에 실시하고, 현재 착실히 공사가 진행 중에 있다.

올겨울 영화관에서 유기농 팝콘을 먹으며 최신영화를 군민과 같이 관람하는 걸 상상하며 행복하게 기다리고 있다.

미니복합타운 2000세대 개발

군수로 당선되고 나서 여러 사람들을 만나게 되는데, 그중 각 기업체의 대표나, 대학교 총장님 같은 분들께 듣는 공통된 소리는 '주거공간의 부족'이었다. 그럴 때마다 "제가 살던 집이 한 채 비어 있습니다. 그거라도 그냥 드릴 테니 와서 사세요." 같은 궁색한 대답만 반복할 수밖에 없었다.

우리 군 인구는 제자리걸음인데, 인근 증평 인구는 머지않아 우리 군을 추월할 기세다. 지금도 옆 증평군에서는 아파트가 올라가고 있다. 우리 군이 열심히 노력해서 기업을 유치하고, 학생을 입학시킨다 한들 집이 없는 괴산보다는 가까운 증평에

방을 얻는 상황인 것이다. 참 안타까웠다.

다행히도 충청북도에서 낙후지역을 위해 특별히 배려해주는 균형발전사업을 활용한 택지개발을 통해 괴산읍 대사리 지역에 LH와 함께 작년 10월 6만 평 규모에 임대아파트 500세대를 비롯한 2,000여 세대의 주택, 도서관 등 편의시설이 들어서는 미니복합타운사업인 주민행복도시조성을 추진하고 있다. 외지에서 우리 괴산을 방문하는 입구인 대사리 지역 대규모 프로젝트사업인 미니복합타운 주민행복도시를 성공적으로 조성하여 인구 5만 괴산의 기반이 되는 정주여건을 확보토록 노력할 것이다.

괴산 미니 복합타운 조감도

괴산주차장

우리 괴산읍내 본정통 도로는 개설된 지가 오래됐고, 지역 상권의 연계성으로 도로 확장성에는 많은 어려움이 있다. 이러한 도로와 주변 근대건물들의 조화된 모습은 어느 곳에서도 찾아보기 어려운 자원이라며 낭만적인 장소에 대한 가치를 조언하여 주는 전문가들도 많다. 하지만 현실은 자동차와 도보를 이용할 때 길가에 주차된 자가용으로 인한 교통안전 위험성이 높은 도로일 뿐이다.

당선된 후 불법주정차에 대한 민원과 요즘 문제가 되고 있는 화재출동 시 긴급출동차량을 방해한다거나 사고처리 지연 등 문제에 대한 대안 마련을 요구하는 민원이 지속적으로 제기되

괴산 하상주차장 현장 방문

어왔다. 불법주정차 단속시간을 조정하는 임기응변식 대책을 시행하고 있지만, 근본적인 해결책이 되진 못하였다.

그래서 혼잡지역에 최대한 가까운 동진천과 성황천을 활용해 주차장을 설치, 군민들의 교통 불편을 해소하기로 하였다. 현재 9억 원의 예산으로 320여 면을 조성하고 있는 동진천과 성황천의 하상주차장은 금년도에 사업을 마무리하여 군민들이 무료로 이용하도록 할 수 있도록 할 것이다.

괴산 자연드림파크

작년 7월, 8월은 집중호우피해 복구에 정신이 없었다. 그 와중에 우리 군에 투자를 하고 있는 아이쿱생협에서 구례 락페스티벌을 개최한다는 초청장이 왔다. 갑자기 지난 6월, 투자선도지구 공모사업100억 현장평가에서 냉소적인 표정으로 우리 군을 대하던 평가위원들의 모습이 떠올랐다. 걱정되는 마음이 들어 담당직원에게 더욱 성심성의껏 브리핑을 해줄 것과 응답하여줄 것을 당부했던 기억을 하며, 기차를 타고 구례로 내려갔다.

행사장 입구부터 차가 막혀, 예정시간보다 30분이 늦은 시간에 행사장에 도착했다. 전국에서 모여든 수많은 사람들이 락페스티벌을 즐기기 위해 모였다. 소름이 돋았다. 이런 행사가 우리 군에서 열릴 수만 있다면 얼마나 좋을까. 우리 군에서 이

곳보다 더 많은 사람들이 모이는 행사를 개최해야겠다는 새로운 목표가 정해졌다.

구례는 4만 평이 조금 넘는 규모의 농공단지에 이렇게 멋진 행사를 치르고 있었다. 우리 괴산은 어떤가. 괴산발효식품농공단지는 10만 평, 칠성유기식품산업단지는 23만 평이다. 규모 면으로는 절대 뒤지지 않는다고 생각한다. 투자규모나 고용창출 역시 비교할 수 없을 것이다. 아이쿱생협 오미예 회장님께서는 괴산에서 정상적으로 투자가 진행되면 구례와 비교할 수 없을 정도, 심지어 '국내가 아닌 세계적으로 보기드믄 사례를 만들게 될 것이다'라고 한다.

'할 수 있는 행정지원을 아끼지 않을 테니 열심히 투자해 주세요'라고 부탁을 드렸다. 다행히 국토부 공모사업인 투자선도 지구사업100억에 선정되는 쾌거를 올리며 아이쿱생협의 추가 투자를 유도하는 데 성공했다. 정상적으로 아이쿱생협이 투자를 이행할 경우 3,500여 명의 고용창출로 인구 5만 괴산의 중추적인 역할을 할 것으로 예상된다. 아이쿱생협이 우리 괴산군과 상생 · 발전할 수 있도록 최선을 다하리라 다짐했다.

쓰레기 소각장

후보자 시절부터 지역주민들로부터 들은 애로사항 중 하나는 쓰레기 문제였다.

인간이 살아가면서 불가피하게 발생하는 것이 생활쓰레기다. 그렇다면, 이를 처리하는 시설은 필수적인데, 당연하게도 자기 주변에 들어서는 것을 반기는 이는 없을 것이다. 즉, 혐오시설이라는 인식이 강하다는 것이다.

우리 군은 최대한 합리적인 방법으로 쓰레기 처리시설을 설치해야 했고, 혐오시설이라는 인식을 없애야 했다. 먼저, 쓰레기 소각장에서 이용할 수 있는 것은 최대한 이용해야 한다. 쓰레기 소각 시 발생하는 폐열 이용으로 자원을 회수하고, 새로운 소득사업 및 지속 가능한 수익사업을 발굴해서 쓰레기 처리시설에 대한 혐오 이미지를 해소해야 했다. 예를 들자면, 소각

여열 활용사업인 온실 하우스, 태양광 발전시설, 찜질방사우나, 체력 단련실 등이 있겠다.

우리 군에서는 이러한 사업을 추진하여 에너지도 생산하고, 이 시설로 어려움을 겪고 있는 간접영향지역 주민에게 그에 상응하는 인센티브를 주고자 소각여열 활용사업 계획을 수립·추진 중이다. 국비 지원 사업으로 확정되면 온실하우스에서는 수경 재배 시 에너지를 절감하고, 주민 소득 향상에도 도움이 될 것이다.

관광지 개발 - 치유와 힐링

나는 괴산의 관광지 개발을 통한 지역경제 활성화 및 군민 수익창출에도 노력하였다. 먼저 성불산을 말해보겠다. "치유와 힐링" 하면 녹음이 울창한 숲속에서 삼림욕 하는 모습을 떠올릴 것이다. 또한 괴산 하면 '청정, 장수, 유기농, 대학찰옥수수, 고추축제, 낙후된, 개발되지 않은, 순수한, 수려한 산과 계곡' 등 상통하는 무수한 단어가 떠오른다.

성불산의 풍부한 산림자원을 자연휴양림, 생태숲, 생태공원으로 집적화하여 138ha에 이르는 거대한 산림휴양단지는 그동안 '개발이냐 보존이냐'의 선택 속에서 산림 훼손을 최소화하면서도 인간이 상생하는 길을 선택했다. 그래서 자연의 순리를 따라 산림휴양단지를 개발하였다.

그중 2016년 6월 개장한 자연휴양림은 빌라식으로 지은 휴양관 8실, 숲속의 집 10동, 한옥체험관, 캠핑장 15면을 꾸며놓고 첫해 방문객 3만 3천 명, 지난해 5만 7천 명의 방문객을 맞이하기도 하였다. 금년에는 28억 원을 투자하여 숲속의 집 12동 증설을 추진하고 있어, 국민들의 힐링을 위해 노력하고 있다.

앞으로 성불산 산림휴양단지는 볼거리, 체험을 즐길 수 있도록 55억 원을 투자하여 "치유의 숲" 조성사업이 확정되고 올해부터 본격적으로 공사를 시작하여 봄부터 가을까지 튤립, 영산홍, 국화, 구절초, 해바라기 등 꽃의 향연이 펼쳐질 것이다. 또한 여름이면 요즘 시골에서도 보기 힘든 개똥벌레, 반딧불이와 조용한 산야를 뒤흔드는 천연기념물 수달의 물놀이가 이어지고, 가을이면 꽃처럼 화려한 황금빛 메타세콰이어 터널이 이어질 것이다.

성불산 휴양단지 추가 조성

다음은 수옥정관광지 관광 활성화를 위해 생태수로 개설, 수질개선제 투여 등 수옥정저수지 수질개선사업을 통해 청정한 괴산, 다시 찾고픈 수옥정관광지 만들기에 힘썼으며, 올해는 국비와 도비 30억 원을 투자하여 수옥정 관광지 수변산책로 조성사업, 수옥정 생태물놀이장 조성사업 등을 추진하여 자연관광의 메카가 될 것이다.

수옥정 생태물놀이장 조성

또한 괴강관광지의 청소년수련원, 국민여가캠핑장, 국제규격의 인조잔디구장, 농업역사박물관 등의 각종 시설을 현대화하여 관광객 유치에 노력하였다. 노후화된 인조잔디구장의 교체공사와 야간에도 쾌적한 체육활동을 위한 조명 교체 등이 올해 3월에 완료된다. 또한 괴강 국민여가캠핑장의 사계절 캠핑객 유치를 위해 시설을 보완하고 다양한 볼거리를 제공하며 더불어 군민의 생활체육 활성화 도모와 대학리그 유치 등으로 괴강관광지를 변모시키고, 유기농업군 괴산의 랜드마크인 괴산농업역사박물관의 개관식 진행으로 대내외적인 농업역사박물관을 널리 알렸다.

또한 그동안 지지부진했던 농업역사박물관의 유물 정비를 통해 3,000점 이상의 유물DB 구축 및 홈페이지 개설을 추진하여 박물관으로서의 기반을 마련했다. 올해 학예연구사 채용, 체험 프로그램 운영 등의 사업 추진을 통해 공립박물관으로 등록하여 관광객 유치와 지역경제 활성화에 기여할 것이다.

괴산 농업역사 박물관 개관식

연풍역세권 개발

연풍은 과거에 울고 왔다 울고 간다는 곳이다. 올 때는 첩첩 산중으로 가도 가도 산과 고개, 내를 건너야 해서 울고, 갈 때에는 아름다운 풍광과 후덕한 인심과 정든 사람과 헤어져 아쉬움의 눈물을 흘리던 곳이다. 물론 지금은 시원하게 뚫린 국도와 중부내륙고속도로가 관통하고 있어 서울, 경기, 부산에서도 쉽게 접근할 수 있는 곳이기도 하다.

'작은 고을 연풍' 이곳만큼이나 다양한 관광콘텐츠가 있는 곳이 있을까? 조선 정조의 초상화를 그려 연풍 현감으로 부임한 단원 김홍도가 머물던 동헌, 천주교 병인박해로 순교한 성 황석두 루카의 안식처 연풍성지, 한지박물관, 공예촌, 금속활자 재현, 영남에서 한양으로 오가며 기도하던 마애불좌상, 수옥폭포, 과거 보러 오가던 삼관문, 여성운동가이자 장관을 역임한 김옥길 이화여대 총장의 땀이 서린 고사리 수련관 등 곳곳에 보석 같은 문화재와 역사의 발자취가 깃들어 있는 곳이다.

국토 중앙에 위치한 괴산에 철도역이 생기는 건 이번이 처음이다. 중부내륙선 철도가 2022년까지 이천 – 충주 – 문경 구간으로 연풍을 관통한다. 지역발전의 호기로 역 주변 개발에 박차를 가해 미래를 대비하는 것은 물론이다. 이미 계획도 세워놓았다.

먼저, 독창적인 볼거리와 즐길 거리를 마련해야 한다. 역에서 내리면 바로 '가칭 김홍도 테마길'로 상암사 – 용성골 – 수옥폭포 –휴양림을 맨발로 혹은 짚신을 신고 걸을 수 있다면, 관광의 명소가 될 수 있을 것이다. 또한, 역 주변 주차장을 최대한 확보하여 트럭에 각종 농산물을 싣고 와 판매를 할 수 있도록 하고, 동서횡단철도 노선구역이 증평역에서 괴산을 거치고 연풍에 환승역이 만들어진다면 교통 좋은 괴산이 될 것이다.

연풍역사 공사 현장 방문

괴산읍 도시재생 및 농촌 중심지 활성화 사업

내가 군수로 당선된 지 한 달이 되지 않아 문재인정부가 출범을 하였다. 김대중·노무현정부보다 더 강력한 국가균형발전을 펼치겠다는 강력한 의지를 표명하고 있다. 이는 곧 우리 괴산에게 절호의 기회이다. 지난 10년 가까이 수도권 규제 완화로 지방과 수도권의 발전격차는 더 커졌으며, 이에 부응하듯 매년 지방소멸론과 같은 혼란스러운 예측이 당연하고 어쩔 수 없는 지방의 숙명으로 받아들여지는 형국이었다.

현 정부에서 지방의 균형발전에 각별히 신경을 쓰고 실현가능성 있는 정책사업이 추진되고 있어 다행스럽다는 생각이 든다. 농림축산식품부에서 추진 중인 공모사업으로 농촌중심지 활성화 사업이 기존의 사업방식과 사업규모가 확연히 달라진 모습으로 우리에게 기회를 주고 있다.

지난해부터 우리 군은 괴산읍을 사업범위로 하고 농촌중심지 활성화 공모 사업180억 원을 추진하고 있으며, 괴산읍 동진천변과 구시장터에 대한 도시재생사업150억 공모사업을 추진하고 있다. 본 사업이 선정되어 사업이 추진되면2019~2023 괴산읍이 명실공히 우리 군을 대표하는 중심지 기능을 가지게 될 것이다.

괴산군 체육회 조직개편 및 문화 체육 발전

전에는 군 체육회와 생활체육회로 구성되어 운영되다 괴산군체육회로 통합하였으나 단순통합으로 효율성이 미흡하고 업무가 편중되어 있어 직원 사기 저하는 물론 역량 강화 및 변화에 대처하지 못했다. 이로 인해 조직 기능, 역할 강화 차원에서 1국 2부로 지난해 8월 조직개편을 단행하였다. 그 후 인력의 재편성이 없었다. 또한, 괴산군만 장애인 체육회가 없다는 언론의 보도도 있었다. 이를 개선하기 위한 방법으로 장소 및 프로그램 개발, 관광지 조성, 축제 개최, 스포츠 마케팅 등이 있겠다.

이에 체육회를 총괄부, 운영부, 장애인부인 1국 3부로 개편하였다. 특히 스포츠 마케팅은 황금 알을 낳는 거위에 비교될 만큼 인식되어 각 지자체에서 관심을 많이 기울이고 있다. 이번 평창올림픽에서 은메달을 획득한 컬링 팀의 활약으로 마늘의 도시 의성이 전 국민의 관심 도시로 부상된 것이 대표적인 사례라 하겠다.

볼거리, 먹을거리, 즐길 거리, 유명 관광지와 연계한 새로운 고부가가치를 창출하기 위해 금년 전국 생활체육탁구대회, 전국 대학검도대회, 괴산 오천자전거대회, 전국 산악자전거대회 유치는 물론 도민체육대회 5개 종목인 배구, 탁구, 검도, 궁도,

보디빌딩이 우리 군에서 개최된다.

지난해 전국 산악자전거대회를 처음 개최한 결과, 지역경제 활성화에 크게 기여한 바 있다. 산악자전거대회는 대회 전에 사전답사를 한두 차례 하므로 대회 전부터 지역을 찾는 외지인이 주유소, 식당, 편의점 등을 이용하게 되므로 어느 대회보다 알찬 대회라 하겠다. 또한 기념품 또는 경품으로 지역농산물, 지역음식점 이용권 등을 지급하게 되면, 지역경제 활성화에 기여하게 된다.

체육시설 인프라 확충도 주민 삶의 질 향상에 기여한다. 도내 타 시군의 체육시설을 방문한 결과 우리 군의 체육시설이 제일 부족하다는 것을 알았다. 이에 괴산생활체육공원을 조성하여 생활야구, 풋살경기, 족구경기 등 생활체육 저변 확대 및 체육욕구를 충족시키고자 추진하고 있다.

향후 축구장, 테니스장, 다목적구장 등을 구비한 스포츠타운을 조성하여 생활체육공원과 연계되어 차별화된 스포츠 마케팅을 통한 체육과 관광이 접목된 스포츠레저 관광도시 조성이 나의 꿈이기도 하다. 특히, 스포츠타운 조성을 위해 타당성 연구용역 예산을 본예산에 반영하였다.

농산물 가공센터 건립

우리 괴산군은 농촌진흥청 '2018 농산물 종합가공기술지원 신규지역 공모사업'에 전국 9개소 중 1위로 선정돼 국비 5억 원을 확보해 군비 포함 20억 원으로 농산물종합가공센터를 설치한다. 농산물종합가공센터는 농업인들이 직접 생산한 농산물을 이용해 보다 쉽게 가공품을 만들어 판매해서 6차 산업을 실천하고 창업할 수 있도록 지원하는 시설이다.

금년도에 농업기술센터에 495㎡ 1층 규모의 농산물종합가공센터를 건립하고 2019년에 사과 즙 등을 만드는 습식라인과 가루, 간편식을 만드는 건식라인을 구축하고 농산물종합가공센터를 식품제조공장 허가와 식품안전관리인증기준HACCP 인증은 물론 유기농산물에 대한 유기가공 인증까지 가능한 고품질 가공품 생산여건으로 조성하게 되어 있다.

이번 농산물 종합가공센터 건립은 유기농업군 괴산군에 농산물 가공 활성화를 통한 농업경쟁력을 강화하고 괴산장터, 직거래 판매장 등 판매유통망과 연계해 농가소득향상에 많은 도움을 줄 것이다.

장수밥상

우리 괴산은 2016년 통계청에서 발표한 자료에 따르면, 전국에서 100세 이상 어르신이 가장 많은 군이다. 또한, 65세 이상 인구가 전체 인구의 30.5%를 차지하고 있는 초고령화 사회라고 많은 걱정을 받고 있다. 후보시절부터 괴산의 발전을 고민하고 걱정하는 소리를 많이 들어왔다. 일할 수 있는 젊은 사람이 적다는 게 그 이유였다.

이런 상황에서 괴산이 지속 발전 가능할 수 있는 새로운 성장 동력을 발굴하는 것이 나의 숙제였다. 그런데 생각을 달리해 보니, 노인 분들이 많다는 것은 장수마을이라는 이야기도 된다는 생각에 이르렀다.

그때부터 그 이유를 찾기 위해 더욱 고민하기 시작했고, "분명히 장수하시는 어르신이 많다면 청정 괴산의 그 무엇이 있지 않겠는가? 청정 농 · 특산물로 이루어진 건강식품을 먹는 괴산 군민들은 다른 지역 주민보다 더 건강하고 오래 사시는구나!" 라는 결론에 도달했다. 나름 타당한 해결 방법을 찾은 나는 신이 나서 계속 생각해 보았다.

"그렇다면 이런 건강 식생활을 상품화해서 우리지역의 청정 농 · 특산물을 더 많이 제값 받도록 하는 방법이 없을까?"

"그래! 장수밥상을 만들어서 팔아보자!"

"'괴산 가면 장수밥상 한 번 먹고 가야지' 라는 말이 절로 나오게 해보자!"

그렇게 장수밥상 메뉴 개발을 위해 타 지역 우수 향토음식점을 벤치마킹하고 시식평가회를 개최하고 괴산지역 로컬푸드를 활용한 레시피 개발에 심혈을 기울였다. 그 결과 장수정식청국장, 비지장, 장수시래기어탕, 장수한우곰탕, 장수삼계탕, 장수용봉탕, 장수버섯찌개 등 6종을 괴산장수밥상 메뉴로 개발하고 장수밥상 메뉴를 시판할 수 있는 업소를 선정해 장수밥상 지정증을 수여하고 운영 중에 있다.

앞으로는 더 많은 장수밥상 차림을 개발하여 '다시 한 번 가고 싶고 좋은 먹거리가 있는 괴산'이 되도록 관련부서 직원들과 머리를 맞대고 고민을 해 나갈 것이다.

괴산 장수밥상 현판 기증식

재미있고 신나는 경로당

군수를 준비하는 동안 쉬지 않고 괴산 관내 구석구석을 다니며 군민들의 애로사항을 들었다. 그중 가장 마음에 와 닿았던 것은 불볕더위에 에어컨이 없는 동네 경로당을 방문할 때였다. 동네 어르신께서 "더워 죽겠다"라고 하시는 것이었다. 그걸 듣고 눈물이 핑 돌았다. 이 무더운 더위에 노약하신 어르신 분들께 에어컨이 제일 필요하구나라는 생각이 들었다. 군수로 당선되자마자 에어컨이 없는 경로당을 일제히 조사했다.

그 결과 전체 329개 경로당 중 에어컨이 없는 경로당이 191개로 조사되어 여름이 시작되기 전에 모두 다 놓아 드렸다. 전기세 아낀다며 에어컨을 틀지 않을까봐 태양광 설비를 모든 경로당에 해주었다. 운영비 및 난방비는 걱정하지 않아도 된다. 이제 우리 괴산 어르신 분들은 안심하고 여름에는 시원하고, 겨울에는 따뜻한 곳에서 재미있고 즐거운 음악, 체조 프로그램을 누리게 되었다.

육군학생군사학교 임관식

괴산은 별이 지지 않는 장군의 고향이다. 달천줄기에서 그간 배출한 별의 숫자를 모두 모으면 30여 개가 넘는다. 지난 2월 28일은 호국의 성지 괴산에서 육군학생군사학교 임관식이 진행됐다. 장교 여러분의 임관을 진심으로 축하드린다.

당일 새벽 6시 11분에 '꽃 판매상이 전국에서 몰려오고 일시에 6600여 대의 차와 3만여 명의 사람이 몰려오므로 교통 통제에 어려움이 예상된다'는 전화가 권혁신 학군교장으로부터 왔다. 사전에 경찰, 학교 측, 외식업조합, 농가, 꽃집, 상인회 등과 수차 사전회의 및 현장 점검을 통해 준비했는데 걱정이 앞섰다. 또한 3만여 명의 고객에게 괴산의 친절과 농·특산물, 먹거리를 제공하여 지역경제 활성화 도모와 군 이미지 제고에 심혈을 기울였다.

서둘러 주차장과 농산물 판매장, 꽃 판매장을 돌아보았다. 오전 7시인데도 이미 판매대 설치를 마친 곳도 있고 준비가 한

김용우 육군참모총장과 나용찬 괴산군수

창이다. 많이 판매하도록 격려하고 사무실로 귀청했다. 육군학생군사학교 합동임관식이 대연병장에서 오전 10시 축하공연을 시작으로 오후 2시에 리셉션에 이어 본행사가 진행되었다.

차량 대책을 치밀하게 세웠는데도 동시에 많은 차량이 몰려들고 시간이 늦게 도착한 차량은 도로변에 2중 주차하여 교통흐름을 방해하였다. 선진 교통의식이 아쉬웠다. 그나마 곳곳에 주차장 확보와 셔틀버스 운행으로 교통대란을 막을 수 있었다.

리셉션장에서 김용우 육군참모총장님의 축사에 이어 괴산군수의 축사가 주어졌다. '괴산은 우리나라 국토의 가장 중심에 위치한 장수도시이며, 명품농산물이 생산되는 곳입니다. 식탁에 놓인 대학찰옥수수를 손에 들어보십시오.'라고 권하면서 괴산자랑과 농산물 판매에 관한 홍보를 짧게 하였다. 큰 호응을 얻었다.

ROTC의 무궁한 발전과 임관한 장교의 건승을 기원한다.

세 번의 수상

나는 작년 한 해 영광스럽게도 연이어 세 번의 수상을 하였다.

첫 번째는 '창조경영 대상'이다.

한국창조경영인협회로부터 창조경영인으로 선정되어, 2017 창조경영인 대상을 수상했다. 권위주의를 탈피하고 주민들에게 먼저 다가가는 소통 · 화합 행보와 창조적이고 탁월한 경영, 차별화된 혁신으로 고부가가치를 생산해 내며 국가창조경제에 기여하기 위해 노력해온 점을 인정받은 것이 수상이유였다.

뜻하지 않게 귀한 상을 받게 되어 놀랍고 감사했다. 지역발전을 위해 더욱 노력하라는 채찍질로 알고, 괴산의 잠재력과 가치를 토대로 열정과 성실함으로 군민들의 삶의 질 향상에 더욱 노력할 것을 다짐했다.

두 번째는 '일자리창출 우수기관 표창'이다.

우리 괴산군은 전략적인 기업유치를 통한 고용창출과 각종 재정지원 일자리사업을 추진했고 지역 특성을 살린 유기농산업, 6차 산업화사업, 성불산 자연휴양림개장 등 향토 · 관광산업 분야에서 좋은 점수를 받았다. 이 모든 것은 괴산군민과 함께한 업적이라고 본다.

수상인터뷰에서 앞으로도 산업단지 조성 및 분양, 사회적 기업 육성, 재정지원, 일자리 사업추진 등 일자리 창출에 역점을 두고 정책을 추진할 계획이며, 괴산군 입주기업이 필요로 하는 맞춤형 인력을 제공할 방침이라고 강조하였다.

세 번째는 '지방자치 행정 대상'이다.

우리 군은 2017년 7월 10일, 서울 여의도 국회의원회관에서 열린 지방자치행정대상 시상식에서 기관대상을 받았다. 지방자치행정대상 조직위원회가 주관한 시상식은 조례발의와 통과실적, 공약이행 투명성 · 청렴성, 재정건전성 등 모범이 되는 광역·기초자치단체를 선정하는데. 우리 군은 입법역량을 높이기 위해 172건의 조례를 발의해 통과시키는 등 행정 신뢰도와 주민편익을 증진시켰고, 생산적 사업에 집중해 4000억 원 상당의 예산을 확보했으며, 선택과 집중 투자라는 원칙 아래 현안사업을 추진해 지방채 없는 건전한 재정을 나타낸 것이 인정되어 기관대상을 받게 된 것이다.

이 모든 것은 군민과 의회, 공직자가 함께 소통하고 열정을 다해온 결과이며, 이 외에도 2017년도에는 19개 분야에서 수상하는 큰 성과를 이룩해 내었다.

행정 대혁신

일주일 중 월요일, 목요일 2일은 실과소장들과 아침 회의를 개최하여 당면업무를 공유한다. 회의 때마다 놓여있는 서류들을 볼 때면, 정보화 사회에 걸맞은 회의 모습인가 하는 생각이 들었다. 그래서 준비하는 시간도 줄이고, 종이비용을 아낄 수 있는 태블릿PC를 활용한 회의를 준비하도록 하였다. 더 나아가 군수인 내가 주재하는 회의 외에 다른 회의도 종이 없는 회의가 될 수 있도록 추진해서 자원 · 행정력 낭비를 최소화하는 효율적인 회의문화가 정착되도록 주문을 했다.

태블릿PC를 활용하면 언제 어디서나 문서결재가 가능해지고, 보다 신속한 업무 공유와 유연한 업무처리가 가능해져 스마트 행정을 구축할 수 있다. 더 나아가 현장 중심의 속도감 있는 정책 추진과 업무효율성 제고를 위해 전자 메모 보고를 활성화하는 방향으로 괴산군정을 펼치고 있다. 앞으로도 최신 기술을 활용해 군정 혁신을 이끌어낼 수 있는 다양한 방법을 강구하고, 시대의 흐름에 맞는 양질의 스마트 행정서비스를 실시하여야 할 것이다.

종이 없는 (PAPERLESS) 회의 모습

지역경제 활성화

작년 한 해 우리 괴산군은 어느 지역 못지않은 탄탄한 성장의 기반을 마련하였다고 자부한다.

괴산대제산업단지 분양률 제고21개 업체 유치, 분양률 66%, 각종 산업단지 분양을 통한 5,000여 명의 고용창출 효과, 괴산미니

복합타운 조성 협약 체결, 괴산자연드림타운아시아 최고의 생태순환 산업형 유기농테마파크조성, 서울농장공모사업 선정, 군수관사 개방, 글로벌 해외 배낭연수 실시, 인도 뉴델리 제19차 세계유기농대회 참석, 농·특산물 해외 수출확대, 친환경 유기농산물 도시부분 국가브랜드 5년 연속 수상, 군정 사상 최대 규모 4,600억 원 예산을 돌파하는 등 군의 발전을 선도적으로 이끌고 있다는 평가를 받았고, 이는 도내 다른 자치단체의 부러움을 받았을 정도다.

특히, 괴산대제산업단지 분양은 군수로 당선되고 참 잘했다는 말을 제일 많이 들은 현안 문제 중 하나였다. "분양이 제때 안 되면 괴산이 부도난다.", "특단의 대책을 내놓아야 한다." 군민들께서는 많은 걱정스런 의견을 줌과 동시에 어떻게든 해결해 줄 것을 기대했다.

일단 발품을 팔아보자는 심정으로 중소기업중앙회장과 국회의원 14명, 한미경제인연합회장을 찾아가 괴산대제산업단지 분양에 도움을 요청했다. 대규모 투자기업에게는 분양대금 납부기간을 1년에서 3년간 분할 납부하는 대책도 수립했으며, 투자의향이 있는 업체에서 아침 일찍 만나자고 하면 기업체로 찾아가서 직접 기업체 대표와 협상을 진행했다.

지성이면 감천이라 했던가? 32%에 머물렀던 분양율이 발품을 팔고 공을 들이니, 66%까지 올랐다. 올해에는 꼭 100% 분양을 달성해서 군민들의 걱정과 시름을 덜어주고 군민들의 일자리를 만들어 지역경제가 좀 더 활성화될 수 있도록 최선을 다할 것이다. 더불어서 청안면에 조성 중인 첨단산업단지를 착공해서 지역이 균형 있게 발전할 수 있는 발판을 마련할 것이다.

중소기업중앙회 방문 - 산업단지분양 홍보

작지만 큰 일

1) 군수관사

나는 관선시대의 유물인 군수관사를 군민의 품으로 돌려줄 것을 군민과 약속을 했다. 당선되자마자 담당부서인 재무과에 잘 정비된 관사를 군민들 품으로 돌려줄 수 있도록 정비를 할 것과 진정 군민들이 원하는 관사의 활용방안을 찾아보도록 조치하였다.

많은 군민들께서는 문화공간으로 개방하여 줄 것을 희망하였고, 이에 맞도록 착실히 관사를 정비하여 작년 10월부터 매주 2회 청소년창의공작소로 활용되고 있으며 작년 11월 23일 군민의 품으로 돌려주는 행사를 치르며 군민과의 약속을 지켰다.

군수관사 개방

2) 가설건축물 규제 완화

또 한 가지, 현장시찰을 다니다 보니 전에는 몰랐던 사실을 알게 되었다. 마을 곳곳에 세워져 있는 원두막이 건축법의 통제를 받고 있어, 설치비용도 비싸고 절차도 복잡하였다. 이건 안 되겠다 싶어 원두막을 가설건축물로 신고만 할 수 있게 규제를 완화하였다. 그 결과 설계까지 하려면 1~2백만 원 소요되던 것을, 설계를 하지 않고 읍면사무소에 가설건축물로 신고만 하면 갖다놓을 수 있도록 조치하였다.

3) 서울농장 유치

서울 인구 1000만 명의 시민 중 약 210만 명이 귀촌 · 귀농을 희망한다고 한다. 서울시에서는 도시와 농촌이 상생할 수 있는 프로그램으로 서울시민의 귀촌 · 귀농 희망인을 위한 교육장소 선정 공모를 전국 지방자치단체를 대상으로 실시하였다.

전국 귀촌 · 귀농 1번지를 자랑하는 자치단체에서 공모신청을 하였고 최종적으로 우리 군을 비롯한 8개 시 · 군이 경합을

벌인 결과 청천면 관평리 구 초등학교 자리를 제시한 우리 군이 선정되는 쾌거를 이루어 내었다. 그러기까지 서울시를 여러 차례 방문하고 인맥을 동원하여 괴산의 유기농 장수도시라는 장점을 전달하는 등 무척 많은 공을 들였다. 서울시민의 괴산 군민화로 인구증가를 통해 '지방소멸론 하면 괴산'이라는 오명을 깔끔하게 지워 버릴 수 있도록 정성스럽게 추진할 것이다.

4) 복지인사

묵묵히 열심히 일하면서 두각이 나타나지 않고 퇴직을 앞둔 공무원, 예전과 같지 않게 여성 공무원 비중이 날로 높아짐에도 여성 고위공무원의 자리가 없다는 현실이 매우 안타까웠다. 당선된 지 얼마 지나지 않았는데 7월 정기인사와 5급 사무관 승진인사업무가 놓여졌다. '인사박사 나 박사' 라는 별명을 가지며 새로운 혁신의 경찰청 인사시스템 도입을 했던 경험이 있지만 막상 처음 접한 기초자치단체의 인사를 당면하였을 때는 다소 생소하고 부담이 많았다.

무엇보다도 어렵고 힘든 선거과정을 같이해오며 많은 도움을 주신 분들의 소중한 의견을 받고 공정하고 투명한 인사의 기준잣대를 제시하는 것에 있어 기초자치단체의 경험이 없는 나로서는 많은 고민을 하게 되었다.

다른 여러 가지의 어려운 일이 있다 하지만 군민 여러분께 약속한 군민의 행복을 위하는 번듯한 괴산군정 실현을 위해서 무엇보다도 공정하고 투명한 인사시스템을 한번 만들어 그동안 선거과정 등으로 분열되고 흐트러질 수 있는 공직분위기를 다잡아야겠다고 생각을 했다.

"일단 여성 5급사무관을 발탁하자2명 발탁. 여성공무원들에게 승진기회를 부여해서 지금보다도 더 열정적으로 일할 수 있는 분위기를 만들어보자."

"묵묵히 일하며 평생 괴산 군민을 위해 일해 온 사람을 찾아보자. 그리고 같이 근무하고 있는 동료직원들의 생각은 어떠한가를 물어보자. (승진인사추천위원회)"

"그리고 공무원 스스로가 내가 어떤 일을 했는지 나를 홍보할 수 있는 기회를 부여해보자.(인사자기내신제)"

이러한 기준으로 작년 7월 정기인사를 실시했다. 인사는 잘해야 본전이라고 한다. 작년 4월 취임 이후 2회의 정기인사와 승진인사를 실시했다. 그때마다 파격적인 인사시스템 도입으로 호불호가 갈리고 있다. 그러나 앞으로도 괴산군민의 행복을 위해 열정적으로 일한 공무원을 찾는 인사시스템을 발굴하여 적용할 것이다.

기초자치단체에서 사무관은 공무원의 꽃이라고들 한다. 평생 공직생활에 헌신을 다하고 군민들로부터 인정을 받아 사무관까지 올라가는 것은 공무원 가족뿐만 아닌 지역의 자랑이 된다. 그동안 사무관 임용장은 군수실에서 전달하는 것이 관례였다.

"이번에는 달리 해 보자. 가족과 지역주민들이 함께하는 사무관 임용장 수여를 해보자."

그렇게 해서 올해 2월에 사무관 교육을 받고 온 6명의 공직자에게는 직접 근무지를 찾아가 가족과 지역주민이 지켜보는 가운데에 임용장을 수여했다. 너무들 좋아하는 모습에 '참 잘했

가족, 친지, 직원이 있는 현지에서 사무관 승진 임용장 수여

다'라는 생각이 들었다.

'인사도 복지다.' 앞으로 더 많은 복지 인사를 통해 열심히 일하고 군민에 신뢰받는 공직분위기를 만들 것이다.

5) 보훈가족에게 받은 감사패

나는 평소 국가와 민족을 위해 헌신하신 호국영령과 보훈가족에 대하여는 마땅한 예우를 하여야 한다는 소신을 가지고 있다. 군수 취임 후 내가 참석하는 모든 행사 의전에는 보훈가족에 대한 예우를 당부하였다. 당연한 이야기인데도 여태껏 관례를 보면 보훈가족에 대한 예우가 소홀했던 부분이 있었기 때문에 나의 보훈가족 예우 행보가 두드러지게 보여질 수밖에 없었다.

작년 7월부터는 참전 유공자들에게 매달 지급하던 명예수당을 8만 원에서 10만 원으로 인상해 지급하고 있고, 참전 유공자가 사망하면 30만 원 위로금을 지급하며 참전유공자 배우자에게도 분기별 15만 원씩 수당을 지급하고 있다.

당연히 해야 할 본분을 다했을 뿐인데, 지난 2월 21일 박희모 6.25 참전유공자 중앙회장을 비롯한 도지부 및 괴산군지회 관계자 6명이 군수실을 방문해서 감사패를 주어 감사히 받았다. 국가를 위해 헌신한 참전 유공자들과 보훈 가족들을 위한 다양한 시책들을 마련해 지속적으로 추진하겠다.

6.25 참전유공자회로부터 받은 감사패

6) 산악자전거 대회

괴산을 사랑하는 많은 사람들은 괴산이 가지고 있는 천연자원을 활용하지 못한다고 말한다. 특히 군 면적 76%가 산림임에도 산림자원이 활용이 되지 않고 있는 현실에 안타까움을 표시하곤 한다.

한때 승마를 했던 경험으로 임도를 활용한 승마코스 개발 등을 고민했지만 우선 시범적으로 추진할 수 있는 방안을 고민한 결과 현재 조성되어 있는 임도를 활용하여 작년 11월에 제1회 괴산군수배 전국 산악자전거대회를 개최하였다. 제1회 대회임에도 800여 명이 참여해 성황을 이루었다. 예전부터 꾸준히 제기되어 왔던 박달산 임도 승마코스 개발 등과 같이 관내 읍·면 지역에 산재한 임도 활용방안을 적극적으로 발굴하도록 하겠다.

제1회 괴산군수배 전국 산악자전거 대회

단단함을 지닌 나의 아내, 안미선

이 책을 쓰면서 언제, 어디, 어떤 상황에서든 나의 든든한 지지자와 조력자가 되어준 아내, 안미선에게 감사함을 전한다.

지난 한 해 나는 군수로서 내가 할 수 있는 최선을 다해 뛰었다고 자부한다. 특히 내가 꾀부리지 않고 하루하루 사심 없이 나의 책임을 다할 수 있었던 데에는 그 누구보다 내 아내의 공이 컸다. 나의 공직생활 35년 동안은 물론이고, 이후 내 고향 괴산의 발전과 군민의 행복을 위해 제2의 인생을 살 때에도, 더 희망찬 내일을 위하여 생판 낯선 정치인의 길에 발을 내딛을 때에도, 그 혹독하고 네거티브가 판을 친 선거전에 임할 때에도, 아내는 항상 자신의 온몸을 내던져 내 등을 굳건히 받쳐주었고, 사랑하는 우리 아이들과 함께 든든한 버팀목이 되어 주었다.

아내의 내면을 들여다보면, 가냘픈 겉모습과는 달리 단단함을 지니고 있음을 알 수 있다. 목소리가 크지 않아도 자신의 주관이 뚜렷한 사람이다. 화려하지 않아도 믿음과 신뢰가 느껴지는 사람이다. 아이들에게도 더 말할 수 없을 정도로 헌신적인 엄마였고 깜깜한 바닷길을 잔잔하게 비춰주는 등대였다.

추운 겨울을 보낸 나무들이 더 아름다운 꽃을 피운다는 사실을, 아내의 손길로 따스한 온기를 받아 잘 자라준 우리 아이들을 보며 다시 한 번 깨닫는다. 힘들 때마다 아이들이 기대고 따스함을 느낀 것은 업무에 쫓겨 정신없이 바빴던 아버지를 대신한 엄마의 정성과 손길이었다. 그 덕분에 힘들었던 시절을 지나 아이들도 제 몫을 다하는 사회인으로 성장할 수 있었다.

큰아들은 삼성전자에 다니고 있고, 예쁜 며느리와 손녀가 있다. 막내아들은 공무원이 되어 근무를 잘하고 있으며, 딸은 공기업에 다니면서 서울대병원에 근무하는 사위와 결혼하여 외손녀까지 있으니, 집사람에게도 아이들에게도 감사하고 또 감사할 뿐이다.

부부는 영원한 동반자라 했던가.

35년간의 공직생활을 마무리하고 괴산으로 내려오겠다고 했을 때에도 아내는 내 의견을 존중하고 흔쾌히 동의해 주었다. 고향으로 돌아와 내 고향 괴산의 발전과 괴산군민의 행복을 위해 한 번도 생각해 본 적 없는 정치 쪽에 발을 들여놓겠다고 했을 때에도 기꺼이 내 손을 잡아 주었다. 그것이 결코 쉽지 않은 결정이었음을 내가 어찌 모르겠는가. 평생 자신을 희생하여 나와 아이들을 더 밝게 빛나게 해주었던 사람이 바로 내 집사람이다. 아내는 나와 아이들을 뒷바라지하는 와중에도 틈틈이 짬을 내어 대학에서 유아교육을 전공하고 동국대 대학원에서 사회복지를 전공하여, 유아교사와 사회복지사 자격증까지 갖추고 있는 인재이기도 하며, 서예에도 조예가 깊은 문화예술인이기도 하다.

아내는 그동안 소외된 사람들과 지역사회를 위한 사회봉사

에도 열심히 참여하였다. 지난 2016년 8월 24일 한국자유총연맹 충북지부가 연맹 창립 62주년을 맞이하여 창립기념식 및 통일선봉대 출범식을 개최하였다. 자유총연맹의 62년 역사를 뒤돌아보면서 다가오는 통일시대와 급변하는 북한상황에 대비할 수 있도록 통일선봉대가 앞장서 줄 것을 다짐하는 자리였다.

이날 아내는 '희망의 새 시대'라고 쓰인 현수막 앞에서 김경재 한국자유총연맹 중앙회장의 표창장을 받았다. 내가 "당신이 무얼 했다고 표창까지 받았느냐?"고 물었더니 아내가 슬며시 웃으며 "말없이 봉사했다고 주더군요."라고 대답하였다. 쑥스

러워하는 아내의 모습이 참 소녀 같고 예뻐서 나는 칭찬 대신 아내를 안아주며 "우리가 더 잘하자."고 다짐하였다.

내가 어떤 결정을 하고 어떤 일을 하든, 늘 곁에서 나를 지지하고 응원해 주는 내 삶의 영원한 동반자인 아내에게 이제는 내가 받은 것을 하나씩 되돌려 줄 차례가 된 것 같다. 고맙고 미안한 나의 마음을 한가득 담아서.

그러나 이러한 바람과는 달리 지난 2월 8일 청천벽력 같은 소식이 날아들었다. 괴산군과 괴산군민의 행복을 위해 분초를 아껴가며 발로 뛰고 있는 나로서는 한 번도 예상치 못한 결과였다. 대전고등법원에서 벌금 150만 원을 선고한 것이다. 이날 기사 중 기억에 남는 한 편을 싣는다.

나용찬 괴산군수 재판 결과 방청객 허탈함이 이어졌다

【충북=공보뉴스】 이종국 기자= 대전고등법원 제8형사부에서는 8일 공직선거법 위반혐의로 기소된 나용찬 괴산군수 항소를 기각하고 원심과 같이 벌금 150만 원을 선고했다. 이날 괴산군민 200여 명이 대전고법을 찾아 법정 안·밖에서 10여 분의 재판과정을 지켜보았으며, 재판결과에 아쉬움으로 무거운 침묵과 허탈함이 이어졌다.

이날 법정에 참석한 괴산군민 ㅇ씨는 "이른 새벽부터 밤늦은 시간까지 하루도 빠트리지 않고 괴산군의 민원현장을 돌아보는 나 군수를 보았는데 이런 결과가 나왔다는 것이 안타깝다. 대법원에서 좋은 결과가 나왔으면 좋겠다."고 하였다.

또 다른 ㅇ씨는 "마음이 아프다. 20만 원으로 괴산군수가 이러한 상황에 처한 것이 말이 되는가. 전직 경찰관이 자율방범대원에게 커피값 정도는 줄 수 있는 것 아니냐, 그리고 이런 상황까지 오도록 한 괴산군 언론들이 정말 괴산의 언론인지 개탄을 금치 못하겠다."고 하였다.

또한, 이날 참석한 ㅂ씨는 "전직 경찰간부였던 군수가 이런 상황까지 생각 못 한 것은 자신의 불찰이며, 안타깝지만 지방선거를 앞두고 혼란스러워질 괴산군의 민심이 걱정되며 나 군수는 남은 기간 공무원들의 동요와 군민의 마음을 추슬러 어려운 상황을 이겨내야 한다."고 말하였다.

나용찬 군수는 일주일 이내에 대법원에 상고하여야 하며 대법원에서 일부 무혐의 또는 무혐의를 선고받으면 고등법원으로 돌려보내 6 · 13선거 전후로 판결날 것으로 보인다.

이날 재판이 끝난 후 나용찬 군수는 "고맙습니다. 오늘도 눈 오는 미끄러운 길임에도 멀리 대전까지 단숨에 달려와 응원해 주셨건만 저의 부덕함으로 보답하지 못하고 걱정만 끼쳐드렸습니다. 매번 재판 있을 때마다 많은 힘이 되었습니다. 고마운 마음 잊지 않고 더욱더 겸손한 자세로 마음을 다스리며 최선을 다해 일하겠습니다. 고맙습니다." 하였다.

그렇다. 나는 그 상황에서도 고맙고 최선을 다해 일하겠다는 말밖에 할 수 없었다. 아직도 너무나 많은 분들이 예상치 못한 결과에 걱정하고 계시는데, 그분들께 심려를 끼친 내가 고맙다는 말과 최선을 다하겠다는 말 외에 무슨 말을 더할 것인가. 부부는 일심동체라 했던가. 아내 역시 그날, 밤늦게까지 선고 결과에 분노하며 애통해하는 지인들에게 SNS를 통해 다음과 같은 말을 올렸다.

사랑하는 우리 님들! 걱정해 주시는 그 마음에 감사하고 또 그만큼 죄송합니다. 많은 분들이 잘될 거라고 그리고 잘돼야 한다는 말씀과 걱정해 주시고 응원해 주시는 덕분에 잘되겠지 하면서, 걱정과 기대로 법원에 갔습니다.

법정 앞 복도에는 많은 분들이 계시기에 시간이 조금 남아서 안 들어가신 줄 알았는데, 너무 많은 분들이 오셔서 자리가 없어서 못 들어가신 거라고 하셨어요.

순간 이렇게 많은 분들이 걱정해 주시는데 잘되어야 할 텐데 걱정하며 들어가지도 못하고 잘못되면 어쩌나 하고 초조하게 기다리고 있었는데, 나오시는 분들의 표정이 좋지 않아 결과가 안 좋구나 했어요. 아! 어떡해야 하나, 가슴이 무너지더라고요. 그렇지만 제가 슬퍼하면 많은 분들께 더 걱정 끼치는 거라서 조용히 인사만 하고 왔습니다.

그동안 법원에 출석하시듯 멀리까지 잊지 않고 와주셨던 많은 분들께 진심으로 감사드립니다. 하시는 일도 하루 쉬시고 그저 잘되길 바라는 그 마음으로 오셨던 분들께 죄송한 마음뿐입니다.

끝까지 잘하라고, 힘내라고, 밥 굶지 말고 건강 잘 챙기라는 격려의 말씀에 울컥하지만 그 자리에서 내려오는 그날까지 최선을 다해서 제가 해야 되는 일은 열심히 하겠습니다.

때론 욕하실 분도 계시겠지만 아직 끝난 게 아니니까 꿋꿋하게 견디며 최선을 다하고 법적인 문제는 하늘에 맡기겠습니다. 그리고 좋은 인연은 계속 이어가겠습니다.내일 다시 떠오르는 태양을 기다리겠습니다.편안한 밤 되세요.

안미선 드림

이 구구절절한 아내의 글 한 편이 그동안 억울한 일을 당하여도 불평 한마디 하지 않고 꾹 참고 있던 내 슬픔에 불을 붙였다. 그러나 나 역시 여기서 포기하지 않고 꿋꿋하게 견디며, 오늘 바로 지금 이 순간마다 내게 주어진 내 책임과 소임을 다하기 위해 더욱 낮은 자세로 노력할 것이다. 그것만이 '새로운 내일을 여는 행복한 괴산'을 만들겠다는 군민과의 약속을 지키는 일이라고 생각한다.

날마다 희망! 더 좋은 괴산!
I. 나눔과 보탬의 행복
I. 새로워지는 젊은괴산
I. 함께하는 상생융합의 시대
희망
나눔
소통
정성
함께

부록

나용찬 • 안미선의 글

나용찬의 칼럼 모음

국정농단, 회초리를 들어라(2016.11.13)

한국의 국정농단이 세계적 웃음거리가 되고 있으며 세계는 지금 대변혁을 예고하고 있다.

미국의 제45대 대통령으로 당선된 트럼프는 자국민 보호와 위대한 미국의 재건을 부르짖으면서 국민들로부터 공감을 받기 시작했고 당선으로 이어졌다. 이는 어려운 국민들과 함께하겠다는 희망의 메시지였다. 우리 정치지도자들은 미국의 트럼프 대통령시대의 실용주의 노선을 감지하고 급변하는 한반도 정책의 변화에 발 빠르게 대비해야 함에도, 세상을 넓게 보지 못하고 국내 정치싸움을 하느라 정신 못 차리는 것은 아닌가 싶다.

정치판이 갈팡질팡하니 국가가 흔들흔들한다. “대통령은 하야하라.”고 한다. 대통령을 그만둘 만큼 큰 잘못이 있다면 책임을 져야 한다. 국민이 원하는 길이라면 따라야 한다. 그래야만 다음의 대통령들에게 교훈을 주는 것이다. 하지만 대통령은 하야하라고 이야기하기는 쉬웠지만 막상 그만둔다고 하니 갈팡질팡한다.

국가안보와 국가의 위상 등 국가 명운에 관한 문제이기에 시기, 방법, 절차, 선거 등을 짚어 보고 혼란현상이 오지 않도록 신중하게 처신해야 한다. 국민의 여론이라고 말은 하지만 국민은 보지 않으면서 정치권의 이해득실에 따라 비난하고 있는 것은 아닌지 짚어봐야 할 것이다.

현재 우리나라는 국정이 흔들릴 정도로 어지럽고 어렵다고 한다.

비판은 신랄하게 하여야 한다. 매섭고 강하게 해야 한다. 다시는 그런 일이 일어나지 않도록 교훈으로 삼을 만큼 강하게 해야 한다. 하지만 비판은 하되, 비난만 반복해서는 안 될 것이다 특히 대책 없는 비난은 무책임한 3류 정치이다. 어려울 때 국민들의 마음을 시원하게 풀어주어야 한다.

이제 우리는 무엇을 준비해야 하는가?

국민 각자가 자신은 올바르게 잘살고 있는지, 자신을 돌아보고 중심을 잘 잡아야 할 것이다. 정치지도자들은 국민의 마음을 헤아릴 줄 알아야 한다. 국민의 이름을 내세우며 일이 있을 때마다 큰소리만 치지 말고 자세를 낮추어야 한다. 과도기에 국정을 이끌고 갈 사람을 하루 속히 세우도록 하는 대안을 제시하여야 한다.

현재의 법체계 아래서는 거국내각을 구성할 국무총리를 임명토록 한 후에 대통령의 거취를 논하는 것이 국가를 위하고 국민을 위하는 일이라고 생각한다. 국정을 이끌어 갈 국무총리도 세우지 아니하고 대통령을 없애버린다면 나라가 어디로 가란 말인가?

역사적으로 보면 정부가 무기력상태에 빠지고 정파의 이해득실만을 따지며 싸울 때 군부가 국가를 보위한다는 명분으로 정부를 장악하고 권력을 틀어쥐곤 하였다. 이제는 그럴 수 없는 시대이다. 정치권이 나라를 무정부상태로 만들고 혼란을 자초하고 있는 것은 아닌지 사실을 경계해야 한다.

국가적으로 혼란이 오지 않도록 정신 차려야 한다. 어려운 때일수록 특정 정파에 치우치지 아니하고 국정을 잘 이끌고 갈 지도자가 필요하다. 늦어도 12월 말 이전에는 거국내각을 구성하고 대통령의 모든 권한을 이양한 후 내년도 상반기 안에 헌법을 개정하여 12월에 대통령 선거를 치르는 일정도 좋을 듯싶다.

이제 대개혁을 해야 한다.

잘못한 사람들에게 회초리를 들어 잘못을 뉘우치게 해야 한다.

국정 농단의 버릇을 고쳐야 한다.

우리는 체험하고 있다.

지도자를 잘 뽑아야 한다는 사실을.

문제가 있는 사람은 사전에 걸러내야 한다.

반듯하게 일할 기본을 갖춘 사람을 찾아내어 문제가 생기지 않도록 해야 한다.

지도자의 오만은 불행의 씨앗이다.

돈을 좋아하는 사람의 버릇은 고치기 어렵다.

왜냐하면 돈 맛을 다시기 때문이다.

이때쯤엔 우리도 한번 자신을 돌아보는 기회를 가져야 한다.

국민에게 편안함을 주어야 한다.

국민에게 희망을 주어야 한다.

국민에게 정성을 들이고 사랑을 받을 수 있어야 한다.

국민에게 말보다 실천하는 사람이라는 믿음을 주어야 한다.

세상을 거꾸로 가면 새로운 길을 볼 수 있다.

선(善)과 악(惡)의 싸움 (2015. 02. 10.)

프랑스 출신의 민중소설가 빅토르 위고가 쓴 소설『레미제라블』은 인간이 살아가며 벌어지는 선善과 악惡에 대한 싸움의 기록이다. 선한 자아가 악한 자아에게 악전고투하여 마침내 승리하는 용감하고 도덕적인 싸움의 과정을 담아낸 명작이다.

착하고 부지런한 날품팔이 노동자 장발장은 누이동생과 조카 7명을 먹여 살려야 하는 막중한 책임을 지고 살아야만 했다. 살면서 배고픔을 참지 못하고 빵을 훔치다가 체포되어 5년형의 선고를 받게 된다. 장발장은 남은 가족의 생계를 걱정하여 틈만 있으면 탈옥을 시도한다. 결국 두 번의 탈옥으로 인해 형이 19년으로 늘었다. 출옥한 중년의 사내 장발장은 자신의 행위를 뉘우치면서도 적개심을 품은 사람으로 변해 있었다.그는 지친 몸과 상처받은 마음을 안고 떠돌아 다녔다. 누구도 그를 반겨주지 아니하였다.

어느 한 부인의 권유로 알프스 산록 아래 있는 성당의 사제관 문을 두드렸으며, 신부님은 그를 친절히 맞이하고 음식과 편안한 잠자리를 제공하였다. 그러나 장발장은 이에 만족하지 않고 사제관의 은 식기를 훔쳐 달아났다. 장발장은 다시 헌병에게 붙잡혀 왔으며 신부님은 은 식기는 자기가 준 선물이라 증언해 준다. 그리고 은촛대까지 내주며 "정직하게 살아가라. 자네 영혼은 내가 사서 하느님께 바쳤느니라."라고 말한다. 이 말은 장발장의 마음에 큰 충격과 기적을 일으켰다. 그는 양심에 눈을 떴다. 악한 인간이 선한 인간으로 변했다. 자아의 변화였다. 혼의 재생과 인격의 변화가 생겼다. 장발장은 찬바람이 부는 벌판을 양심의 눈물을 흘리면서 새로움으로 달리고 또 달렸다. 그 후 장발장은 가난한 자를 돕는 시장이 되고 민중의 봉사자가 되었다. 그리고 그가 몇 번인가 선과 악의 싸움, 양심과 이기심의 대립, 대아大我와 소아小我의 갈등을 겪으면서 선한 자아가 마침내 승리한다는 인간의 내적 투쟁을 표현한 정신세계의 일대 파노마라다.

인간의 최대승리는 내가 나를 이기는 것이다. 내가 나를 이기는 것은 극기克己라고 하고 자제自制라고 한다. 우리들의 생활 속에는 뚜렷한 원칙이 있어야 하고 행동에는 확고한 강령이 있어야 한다. 정신에는 분명한 지침이 있어야 한다.

우리는 남의 단점을 찾기에 바쁘다고 한다. 그것을 비방하기에 더더욱 바쁘다. 그것은 친구를 잃어버리는 길이며 자신의 인품을 깎아내리는 일이다. 남의 잘못을 탓하기보다는 "모두가 내 탓이오."라고 할 때 더불어 살아가는 세상이 될 수 있을 것이다. 후회하지 않고 보람 있는 일생을 살기 위하여 슬기롭게 남의 장점을 발견하고 그것을 조장하며 격려와 칭찬을 해주어야 한다. 그것이 많은 친구를 얻는 길이며 나의 덕을 쌓는 길이다. 세상은 좁고도 넓다. 크고 넓은 세상을 향해, 더 좋은 내일을 향해 우리 모두 함께 달려가자. 인간승리를 위하여!

국가보훈과 안보 (2015. 03. 10)

우리나라는 1910년부터 36년간 일제식민 치하에서 주권과 인권을 말살당하고 지하광물과 식량 등을 강탈당하는 치욕의 시기를 겪어야 했다. 민족의 정통성과 역사를 보존하기 위해 온몸을 바쳐 순국한 선열들은 '우리 조국의 독립국임과 자유민임을 선언'하고 우리 민족에게 동심복국 할 것을 유촉하였으며 정치, 경제, 교육의 균등과 독립, 민주, 균치의 3종 방식을 실시할 것임을 천명하였다. 이렇듯 국가를 위해 수많은 위기와 어려움을 이겨내며 목숨을 바친 순국선열과 호국영령의 숭고한 희생이 있었다.1945년 일제 치하에서 해방은 되었지만, 1950년 북한의 6.25 남침으로 3년간 남한과 북한이 전쟁을 겪으면서 인명의 손실과 가정파탄, 사상적 갈등으로 이어진 경제적, 사회적 황폐화는 이루 말할 수 없을 정도로 큰 상처를 남기게 되었다. 전쟁에 참전했던 군인들과 많은 국민들이 당시 북한의 남침 사실과 전쟁으로 인해 발생한 비참한 사실들을 아직도 생생하게 증언하고 있다. 일제 치하에서 대한민국 독립만세를 부르며 항거하는 등 조국을 위해 목숨을 바치신 독립유공자와 6.25전쟁으로 인해 피 흘리다 돌아가신 참전용사와 몸에 전쟁의 상흔을 지니고 힘들게 살아가는 원호가족들을 생각할 때면 국가안보의 중요성을 아무리 강조해도 지나침이 없다 할 것이다. 현재 우리가 누리고 있는 자유와 번영은 거저 얻어진 것이 아니다. 호국영령과 애국지사들의 피와 땀과 눈물로 이루어진 것임을 잊지 않아야 한다.

우리나라 국민은 그동안의 아픔과 고통과 슬픔을 감내하며 오늘에 이르기까지 60여 년 동안 이어지는 재건운동과 새마을운동, 경제개발 중·장기정책과 개방화·세계화의 경제정책 등을 추진하여 세계 경제규모 순위 15위를 이룬 국가로 세계의 많은 나라들이 주목하고 있다.국가 성장과 개발정책의 정치적 함수에 묻혀 있던 민주화도 수많은 젊은이들의 희생과 혹독한 대가를 치루는 힘겨운 과정을 겪으며 상당히 높은 수준으로 변화하였다. 이와 함께 인권화의 문제도 세계적 흐름과 경제력 향상, 교육의 효과 등 국민수준의 향상에 힘입어 많은 변화와 성과를 이루었다고 할 수 있다.

하지만 순국선열과 호국영령, 보훈가족들에 대한 명예로운 보훈화는 선진국의 보훈정책에 비해 많이 뒤떨어져 있다. 국가를 위해 목숨 걸고 싸우다 죽거나 다친 분들에 대한 국가보훈의 수준은 어떤 사건이나 사고로 숨진 보상에도 미치지 못하는 사례들을 보면서 참으로 안타까운 실정이다. 국가보훈은 국가의 존립과 안위를 위해 자신을 희생하거나 큰 공을 세운 사람들에게 정신적 · 물질적 예우와 보상을 부여해 그들이 영예로운 삶을 이어갈 수 있도록 국가가 지원해 주는 것이다. 또한 국가보훈은 '나라사랑 정신'을 계승하고 발전시켜 나감으로써 국가구성원 전체의 애국심을 고취시킬 수 있다는 점에서 공동체의식의 확대와 '국민적 대통합'을 이룰 수 있는 매우 중요한 정책과제라고 할 수 있다.

오늘날 선진국가는 애국심과 충성심을 근간으로 하고 있으며 국가는 영혼으로 존재한다고 말하고 있다. 국가보훈의 선진화는 당사자와 그 가족들에 대한 명예와 사회적 지위보장을 전제로 한다. 이와 함께 튼튼한 안보의식과 애국심이 고취될 수 있어야 한다. 2013 박근혜 대통령의 대선공약은 강력한 국가보훈, 섬기는 보훈정책을 입안하였으며 박근혜정부에서는 선제보훈정책을 제시하였다. 이에 따라 경제화와 민주화, 인권화를 이룬 대한민국의 위상에 버금가는 명예로운 보훈정책을 전개하여 구국, 호국, 애국의 정신을 이어나가야 할 것이다.

오늘은 백로입니다. 그리움이 있습니다 (2016. 9. 7.)

백로에 좋아하는 것과 사랑하는 것의 차이를 생각해 봅니다.

'좋아하는 건' 그 사람으로 인해 내가 행복해졌으면 하는 것이고,
'사랑하는 건' 그 사람이 나로 인해 행복해졌으면 하는 것입니다.

'좋아하면' 욕심이 생기고,
'사랑하면' 그 욕심을 포기하게 되는 것입니다.

지구가 멸망해서 탈출하는 우주선이 있다면,
'좋아하는 사람'은 내 옆자리에 태우고 싶은데,
'사랑하는 사람'은 내 자리를 주고 싶어지는 것입니다.

'좋아해'는 들으면 가슴 설레는 것이고,
'사랑해'는 들으면 눈물 나는 것입니다.

'꽃을 좋아하는 사람'은 그 꽃을 꺾지만,
'꽃을 사랑하는 사람'은 그 꽃에 물을 줍니다.

'좋아해'는 웃는 날이 많고,
'사랑해'는 우는 날이 많습니다.

'좋아하는 사람'은 내 곁에 두고 싶은데,
'사랑하는 사람'은 내가 그 사람 곁에 있고 싶은 것이랍니다.

'좋아하는 것'은 감정의 흔들림이지만,
'사랑하는 것'은 영혼의 떨림이라 합니다.

'좋아해'는 그 사람이 나 없으면 힘들기를 바라는 것이고,
'사랑해'는 그 사람이 나 없어도 행복하길 바라는 것입니다.

'좋아할 땐' 가슴이 두근두근,
'사랑할 땐' 가슴이 시큰시큰.

'좋아하는 건' 앞서 걷고 있는 당신을 뒤따라가는 것이고,
'사랑하는 건' 내 걸음을 당신에게 맞춰가는 것입니다.

'좋아하는 건' 내가 그 사람을 포기했을 때 내가 잃어버릴 것은 당신 하나뿐인 것이고,
'사랑하는 건' 그 사람과 헤어졌을 때 내가 잃어버린 것은 당

신을 뺀 나머지 모든 것입니다.

'좋아하는 건' 이 글을 보고 누군가가 떠오르는 것이고,
'사랑하는 건' 이 글을 보고 누군가가 눈물 날 만큼 보고 싶어지는 것입니다.

오늘도 누군가를 좋아하고 사랑하며 감사하는 하루가 되시길 소망합니다.

괴산에서 맞이하는 추석이 그 어느 때보다 행복하시길 (2016. 9. 7.)

올 추석에도 대부분의 사람들이 여느 해와 마찬가지로 가족들과 함께 송편을 빚어 맛있게 먹었을 것이라 생각한다. 매년 추석에 만들어 먹는 송편! 그런데 우리 민족은 도대체 언제부터, 무슨 연유로 송편을 빚게 되었을까? 삼국사기에 따르면 백제의 마지막 왕인 의자왕 3년에 땅에서 거북이 한 마리가 나왔는데, 등껍질에 "백제는 만월滿月이요, 신라는 반달이다."라는 글이 쓰여 있었다고 한다.

의자왕이 불러온 점술가는 "백제는 이미 가득 찬 달이라 그 운이 다했고, 신라는 반달과 같이 새롭게 차오를 것이다."라고 글귀의 뜻을 풀었다고 한다.

이에 대한 소문이 신라까지 전해졌고 그때부터 신라사람들은 신라의 번성을 기원하는 의미로 보름달이 뜨는 추석에 반달 모양의 송편을 정성껏 빚어 나누어 먹었다고 한다.

우리 괴산은 한반도의 심장부이다. 우리 신체를 움직이는 원천이 심장이고, 괴산은 우리나라를 역동적으로 움직이게 할 심장인 것이다. 그런 까닭에 삼국시대의 신라를 나와 우리 괴산의 행복나무를 심는 모든 사람들과 함께 꿈을 꾸었으면 한다.

솔잎을 깔고 쪄내어 송병松餠이라고도 하지만, 그 유래는 매우 오래되었고, 이제 그 의미도 가족과 함께 빚고 이웃과 함께 나눔으로써 서로의 더 나은 미래를 기원하는 마음을 담는 뜻으로 전해지며 우리 민족 고유의 음식이 되었다. 최근 정부에서 힘을 쏟고 있는 농촌 융·복합산업 육성정책이 떠오른다. 농촌 융 · 복합산업 육성정책이 농촌의 발전과 번영, 그리고 농촌 주민의 더 나은 미래를 추구하는 정책의지를 담고 있기에 송편 빚기의 마음과 크게 다르지 않은 듯해서이다. 나 역시 송편을 빚는 마음으로 정부의 농촌 융 · 복합산업 육성정책이 성공적으로 추진되길 기원하며, 어느 곳에서나 흉내 내고, 따라하고, 그래서 쏠림현상으로 함께 무너지는 모습이 아닌 괴산만의 독특함을 자원화하여야 한다는 생각이다.

이를 위해서 우리 괴산에 있는 유·무형의 자원을 발굴하고 이를 새로운 아이디어와 접목하여 새로운 부가가치를 창출할 수 있도록 산업화하는 것이 중요하다. 농촌 융 · 복합산업은 '농업1차×2차×3차 산업'이라는 기존 6차산업의 협소한 시각에서 벗어나 명품농산물, 천혜의 자연환경, 문화, 체육 등을 산업화함으로써 새로운 부가가치를 창출하는 산업화 전략으로 이해할 필요가 있다.

우리 괴산의 미래를 조금 고민하는 추석은 또 어떨까? 이러한 고민은 괴산의 행복나무를 심으며 살아가는 사람들이 해야 할 몫이다.

현대인이라면 유기농엑스포 꼭 가봐야(2015. 09. 09)

유기농, 왜 좋은가? 사람은 어떤 음식을 섭취하느냐에 따라 건강의 지도가 바뀌게 된다고 한다. 아이들을 키우고 있는 주부들은 자녀들에게 인공첨가물을 넣지 않은 식품을 먹이고 싶어 한다. 유기농가에서는 농약과 화학적 위험성에 대한 걱정을 없애기 위해 유기농인증제를 시행하고 소비자에게 믿음과 신뢰를 얻고 있다. 인증은 전국 51개의 민간인증기관과 정부기관인 국립농산물품질관리원에 의뢰하고 있다. 즉 친환경농업의 과정을 경유하여 3년 넘게 농약과 화학비료를 쓰지 않았으며 유전자 변형으로부터 안전한 식품이라는 것을 믿을 수 있게 하는 제도이다. 다만 유기농 농산물은 유기자재를 쓰기 때문에 재배비용이 일반 농산물에 비해 다소 높다. 최근 소비자들 사이에선 "비용을 감수하고서라도 안전한 먹거리 유기농 식품을 찾는 소비층이 많아지고 있다."고 분석하고 있다. 이렇게 유기농 농산물에 대한 선호도가 높아지고 있는 현상은 우리나라뿐만 아니라 독일, 영국 미국, 일본 등 선진국에서 해가 갈수록 점점 높아지고 있는 세계적인 추세라고 한다.

유기농엑스포 왜 꼭 보아야만 하는가? 유기농산물은 인간의 생명존엄을 중시한 안전한 먹거리다. 농약을 비롯한 각종 화학물질의 사용을 자제하여 신선하고 영양학적으로 좋은 농산물을 생산하고 있다는 사실을 눈으로 직접 보아야 한다. 생산자와 소비자의 믿음이 농촌의 미래핵심전략산업으로 변화하고 있다는 사실도 인식해야 한다. 이는 자연생태계의 환경보존과 동시에 농업의 부가가치를 높여 나가야 하는 과제이기 때문이다. 2015년 괴산 세계유기농엑스포는 '생태적 삶-유기농이 시민을 만나다'를 주제로 하고 있다. 괴산 동진천변에 펼쳐진 유기농엑스포장의 정문에선 옛날 초가지붕 위에 큼지막하게 열린 운치 있는 박 아치의 모형을 볼 수 있다. 정문을 들어가 오른쪽으로 발길을 옮겨보면 첫 번째 유기농 상징탑이 한눈에 들어온다. 콩 3개가 새싹이 트여 나오는 모습을 형상화한 것으로 희망, 열정, 비상의 뜻을 담아 유기농산업의 희망찬 발전과 미래를 표현하였다고 한다. 두 번째 조형물은 가을철 수확의 기쁨을 느끼며 한가롭게 휴식하는 농부의 모습을 담았다. 세 번째 조형물은 공작새의 화려함을 이용해 꼬리부분에 맨드라미. 사루비아, 천일홍 등 색상이 아름다운 가을초화와 야생화를 심어 꽃의 아름다움을 볼 수 있도록 하였다. 네 번째 조형물은 보리수나무, 과실수, 야생화, 동물 등을 배치하여 오솔길을 따라 거닐면서 힐링할 수 있는 유기농 동산을 만들었으며 다섯 번째는 엑스포 농원으로 나가는 길목에 100미터 길이의 여주터널을 만들어 심신의 쾌적함을 느낄 수 있도록 하였다. 여섯 번째는 옥수수, 수수, 조, 기장, 율무, 아마란스 등 12

가지 잡곡으로 생명의 곡식, 씨앗 탑을 만들었다. 일곱 번째는 쟁기 끄는 소의 모습을 형상화하여 소를 이용해 농사일을 하던 지난날 농촌의 모습을 볼 수 있도록 하였다.

이번 괴산 세계유기농산업엑스포에서 알차게 볼 수 있는 것은 10대 주제전시관과 유기농 소개관 그리고 7대 야외전시관이다. 10대 주제관에는 건강하고 복원력 있는 토양, 깨끗한 물, 풍부한 생물의 다양성, 맑은 공기와 양호한 기후, 동물건강과 복지증대, 최적의 품질과 인류의 보편적 복지, 생태적 삶, 유기농업 실천기술에 관한 자료를 전시해 풍부한 지식을 얻을 수 있을 것이다. 그리고 엑스포 농원에 심어 놓은 벼, 옥수수, 조, 기장, 수수, 옥수수, 목화, 메밀 등 실제 생육한 유기작물을 보며 오늘보다 더 좋은 먹거리가 무엇인지 느끼게 된다. 또한 유기식품 가공체험, 절임배추 담그기, 발효음료와 장류 그리고 곳곳에서 펼쳐지는 다채로운 공연과 문화체험, 국내외 학술세미나 참석 등은 값진 나들이와 훌륭한 볼거리가 될 것이다.

이번 괴산 세계유기농산업엑스포가 참가한 분들에게는 즐거움과 산지식을 심어주고 농업인과 젊은이들에게는 꿈과 희망을 심어주는 국제적 행사로 꼭 성공하길 기원한다.

뜻이 있는 곳에 길이 있다(2017. 1. 22.)

어제까지 사랑하는 제 동생의 죽음을 지키고, 그리고 이제 그를 떠나보내며 저 스스로에게 수없이 이런 질문을 해보았습니다.

"나용찬, 너는 왜 괴산군수에 출마하려 하느냐?"

그래서 다음과 같은 결론을 내렸습니다. 먼저, '저 나용찬을 솔직하게 바라보고 현명하게 달라지자!'는 것과 '나용찬이 품고 있는 괴산의 비전은 무엇인가?'에 대한 명확한 질문과 그에 대한 답을 구하는 것을 멈출 수 없다는 것이 그 이유입니다.

첫째로는 우리 괴산이 처한 현실에 대한 명확한 진단, 둘째로는 괴산이 지향하는 가치실현 그리고 우리가 만들고자 하는 따뜻한 삶과 괴산의 미래에 관한 것입니다. 그 답은 2017년 1월 24일 '괴산, 우리가 살아온 600년, 함께 살아갈 600년에 대한 나용찬 비전 선언'을 통해 자세히 말씀 올리겠습니다. 그리고 존경하는 괴산군민과 2017년 괴산군수 출마예정자 분들께 아래와 같은 제안의 말씀을 드립니다. 마음을 열고 이 글을 끝까지 살펴주시기 바랍니다.

두 사람이 각자의 차로 절벽을 향해 달리다 먼저 차에서 뛰어내린 사람이 지는 게임을 치킨런이라고 합니다. 절벽 아래로 추락할 것을 알면서 하는 어리석은 게임을 말하지요. 이 게임을 벌이면 먼저 뛰어내린 자는 치킨겁쟁이이 되고 이른바 낙인 찍힌 쓸모없는 사람으로 치부됩니다.

저의 아스라한 기억 속에 머물고 있던 한 편의 영화가 요즘 우리 사회를 단적으로 묘사하고 있는 것 같아 씁쓸합니다. 바로 제임스 딘 주연의 〈이유 없는 반항〉이라는 영화입니다. 이른바 오늘날 우리 삶의 한켠을 엿보게 하는 치킨게임의 모습이지요. 영화 속 짐과 버즈는 사랑하는 여인 주디를 가운데 두고 죽음의 치킨런을 벌입니다. 전력질주를 하던 버즈는 옷이 차문에 걸려 뛰어내리지 못하고 그만 절벽으로 추락하고 맙니다.

냉혹한 승부의 세계인 현실에서도 치킨게임은 숱하게 일어납니다. 서울대학교 소비트렌드 분석센터에서 금년의 키워드로 분석한 표제어가 "믿을 건 나밖에 없다…2017년 트렌드 키워드 '치킨런'"으로 되어 있어요. 그리고 책 서문에는 "퍼펙트 스톰이 몰려오고 있는데, 엔진이 고장 난 조각배에 선장도 구명정도 보이지 않는 형국이다."라고 쓰여 있는데요.

그러나 저 나용찬은 여기에 반대합니다. 왜냐하면 고장 난 배를 무사히 항구로 항해시킬 선장양심이 바르고, 능력과 비전을 함께 가진을 어떻게 괴산군민들의 손으로 옳게 뽑을 것인가에 지혜를 모으면 되기 때문입니다. 따라서 브레이크가 없이 상대를 향한 무한질주가 아니고, 공동체의 대다수가 '행복한 결과'에 도달할 수 있는 질문을 준비하고, 그 질문에 대한 답을 준비한다면 영화 속 버즈의 추락사와 같은 비극은 생기지 않을 것이기 때문이지요.

어리석음을 일깨우는 우화 하나를 소개하겠습니다.

전깃줄에 새 다섯 마리가 앉아 있습니다. 대장 새가 명령합니다. "우리들 중 세 마리는 비상飛上을 결정하라." 곧이어 세 마리가 명령을 따랐습니다. 이제 전깃줄에는 몇 마리만 남아 있을까요?

정답은 '다섯 마리 모두'입니다. '결정을 행동에 옮기지 않고 결정으로만 그치는 건 에너지 낭비Making a decision to fly without acting on the decision is a waste of energy'라는 교훈과 '실행하지 않으면 한 걸음도 전진할 수 없다You'll never get ahead until you start advancing'는 교훈을 담은 일화이지요.

존경하는 괴산군민과 군수 출마예정자 분들께 제안 드리는 핵심은 '괴산군민의 소망'이 무엇인지, 그 소망에 답하는 공개토론회를 통하여 군민들께 '따뜻한 삶의 비전'을 제시하고, 불필요한 에너지의 낭비와 분열을 사전에 제거하자는 취지입니다. 이러한 생각이 제 동생의 빈소를 지키며, 괴산의 내일과 저를 깊게 바라보며 내린 결론입니다. 따뜻하고 정이 넘치는 오늘 저녁 되시기를 바랍니다. 나용찬 드림.

오르樂내리樂하는 우리 삶(2017. 1. 22.)

롤러코스터를 타보면 치솟는 기쁨과 추락하는 아찔함이 어우러져 짜릿한 쾌감을 자아냅니다. 빠른 속도로 움직이며 거꾸로 매달린 상황도 연출합니다. 그래서 그 놀이기구에 우리네 인생이 담겨 있는 것 같습니다. 오르락내리락 삶의 굴곡屈曲을 압축해서 표현해 놓았습니다.

인생도 지나고 보면 그리 대단한 것이 아니지요. 엎치락뒤치락 몇 번 반복하면 어느새 황혼이 깃드는 것. 예, 그렇습니다. 마음은 다들 소년이고 소녀이지만 주름과 노화는 막을 수 없습니다.

자신을 가만히 들여다봅니다. 우리가 올라갈 때는 뭔가를 딛고서 오르는 것입니다. 그냥 허공을 오르는 사람은 없습니다. "나는 홀로 여기까지 올랐다."라는 사람은 믿을 수 없습니다. 어찌 그가 오르는 동안 디딤돌이 없었겠습니까? 그냥 지나쳤거나 모른 체하는 것입니다. 자신이 딛고 올랐던 수많은 인생들을 마음에 두지 않았기에 그런 말을 하는 것이지요. 사람은 오르는 동안 누가 밑에 있는지 잘 살펴야 합니다.

내려올 때도 마찬가지입니다. 그냥 구르듯이 내려오는 사람은 없습니다. 뭔가 또 발판 삼아 내 발이 디딜 수 있는 것이 있어야지요. 내가 바닥으로 추락하거나 떨어질 때도 거기에 버티고 있던 그 누군가가 있습니다. 내가 오르려고만 하다가 미처 그 바닥에 있던 누군가를 보지 않았을 뿐입니다.

그런 까닭에 오를 때나, 내려올 때나 사람은 한결같아야 합니다. 겸손해야 합니다. 내가 스스로 거기까지 오르거나 내려올 수 없었던 순간이 너무 많아서 누군가가 나를 떠받쳐 주고 있었음을 깨달아야 합니다. 우리는 순탄한 인생을 원하지만 그렇지 않은 상황이 펼쳐질 때 실망하거나 좌절하기도 합니다. 그래서 우리 인생은 오르樂내리樂하는 삶입니다.

2016년 고추축제도 끝나 갑니다. 기간 중 날씨가 변덕을 부려서 우리 마음도 덩달아 변덕으로 마음이 들끓었던 시간도 있었지요. 그러나 축제를 함께하신 많은 분들의 도움으로 고추축제의 행복한 마무리를 향해 우리 삶도 함께 흘러갑니다. 감사로 마무리하시고, 감사로 다음을 기약하시기 바랍니다. 우리가 함께하기에, 누군가가 옆에 있기에 가능한 일입니다.

동서발전의 철도 중심지 괴산역

2018년 3월 7일 중부권 동서횡단철도 건설사업을 위한 시장·군수 협의회의가 충남 서산시 대산항 항만관리실에서 열렸다. 이날 회의는 나용찬 괴산군수를 비롯해 협력체 대표인 구본영 천안시장, 이완섭 서산시장과 당진, 아산, 영주, 문경 등 중부권 12개 시장 · 군수가 참석한 가운데 사업 추진경과 및 성과보고로 시작됐다.

중부권 동서 횡단철도는 서산 대산항에서 충남 당진 · 예산·아산·천안, 충북 청주·괴산, 경북 영주·문경·예천·봉화·울진까지 우리나라 동서를 잇는 349㎞의 철길이다. 4조 6000억의 예산이 투입되는 대규모 국책사업이며, 지난해 국정운영 5개년 계획 지역공약에 포함됐다. 최근 강조되는 국토균형발전계획의 일환으로서 상대적으로 교통 인프라가 부족한 중부권 지역에는 매우 중요한 국책사업이라고 할 것이다.

이날 회의에서는 천안시 김남걸 교통과장의 사업 추진경과 및 성과보고와 윤권종 교수의 서산시 대산항과 중국 상동성 웨이하이시 구간 해저터널 제안이 있었다. 윤권종 교수는 "중국 산동성 웨이하이시 구간 325km 해저터널을 통해 한국의 중부권 동서횡단철도와 시베리아 횡단철도TSR까지 연결될 수 있으며 한국이 新신실크로드의 시발점이자 종착역이 될 수 있다"고 주장하여 눈길을 끌었다.

또한 이날 시장 · 군수 협력체는 향후 지속적으로 중부권 동서횡단철도의 필요성과 기대효과를 홍보하고 국토교통부의 사전타당성 용역 발주 및 기획재정부의 예비타당성 조사 용역에 12개 시 · 군의 의견이 반영되도록 적극 노력하기로 다짐했다.

특히 이날 회의에서 나용찬 괴산군수는 "괴산은 국토의 중심에 위치해 있지만 그동안 철도가 통과되지 않아 상대적으로 소외감을 많이 느꼈기 때문에 이번 중부권 동서횡단철도 건설사업에 거는 기대가 어느 시·군보다 크다"며 중부권 동서횡단철도 괴산역 유치의 필요성을 촉구했다.

또한 나용찬 군수는 "이 사업이 완료되면 괴산은 동 · 서해안에 1시간 내 접근이 가능해져 물류부담 해소를 통한 기업유치가 유리해지고 관광객 증가를 통한 획기적인 지역경제 활성화가 예상돼 괴산군민 모두가 기대하고 있다"며 동서횡단철도 건설사업이 괴산군 발전에 가져올 효과를 강조했다.

이날 발표된 ‘중부권 동서횡단철도 건설사업 효과제고방안 연구’ 결과에 따르면 동서 횡단철도 건설로 15만여 명의 고용 창출은 물론 연간 3463만 명의 관광객 방문과 3조 1994억 원 상당의의 수익을 기대할 수 있다. 이에 발 맞추어 나용찬 군수는 괴산역을 중심으로 하여 독특한 볼거리와 즐길 거리 개발, 농·특산물 거래 활성화 등의 계획을 갖고 있기도 하다.

또한 그는 “지난 1~2월 11개 읍·면 순방 때 이번 사업의 필요성 및 기대효과를 군민들에게 자세히 설명하며 공감대를 조성했고, 1회 추경예산에 사업 홍보비를 추가로 반영하는 등 앞으로도 성공적인 사업 추진을 위한 노력에 더욱 힘쓰겠다”고 강조했다.

한편 나용찬 군수는 이날 회의를 통해 올해 4월 예정인 실무협의회와 내년 시장·군수 협력체 회의를 괴산군에서 개최하기로 결정하여 유기농도시 괴산을 다시 한 번 중부권역의 중심도시로 알리게 되어 괴산 군민과 함께 기쁨을 같이하고자 한다.

아껴주신 은혜에 감사와 존경의 마음을 전합니다.
오래오래 건강하세요.
- 사랑하는

인생은 60부터
안미선님
회갑을 축하드립니다.
늘 한결같은 사랑과 정성으로 살펴주시고
아껴주신 은혜에 감사와 존경의 마음을 전합니다.
오래오래 건강하세요.
- 사랑하는 가족 일동 -
hummel
hummel

안미선의 시와 글

오늘

오늘이다. 멋진 오늘이다.
내일이 오면 어제로 돌아간다.

오늘은 소중한 현실이다.
내일은 꿈꾸는 희망이다.
어제는 아름다운 거울이다.

힘든 어제를 이겨내고
오늘은 찬란한 내일을 향해 빛을 낸다.
잘 만들고 가꾸어 가야 한다.
우리 모두 행복한 스토리를 만들어 가자.

나무야

- 2016년 <괴산문학지>에 쓴 시

나무야!

산에 오를 때

상처 난 벗겨진 너의 발을 보면 마음이 아프단다

많은 사람이 밟고 지나가 반들반들해진 발

옷이라도 덮어주고 싶고

아플까봐 폴짝 건너뛰기도 한단다

나무야!

나보다 오래 살아오는 동안

인간들을 많이 봤을 텐데어땠는지 말해줄 수 있니?

난 욕먹지 않으려고

무거운 돌이 너를 기대고 있으면 치워주고

집 주위가 지저분하면 주워오곤 했단다

참 잘했지?

아, 참!

나보다 나이가 많으니까 존댓말을 써야겠네

나무님!인간이 아프게 하고 못되게 굴지만

마음이 넓으시니 용서해 주시고

예쁜 옷으로 그늘과 행복을 주셔서

감사하며 뉘우치는 사람이 있지 않을까요?

제발 용서하고 건강하게

오래오래 함께 해주셔서

품에 안겨 영원할 날

반갑게 맞이해 주실 거죠?

나무님!

고맙습니다·사랑합니다

전화
- 2016년 <임꺽정백일장>에 공모한 글

내가 어릴 적 서울 큰 외가에서 전화기를 처음 봤을 때, 전화벨이 울리면 너무 신기해서 어떻게 받아야 되는지 궁금하고 두렵기도 하고, 설레는 마음으로 전화를 받은 기억이 난다. 이젠 과학기술의 발전으로 개인 휴대폰을 가지고 있는 세상이라 그런지 그런 설레는 마음은 없어졌고, 반가운 전화도 있지만 오히려 스팸 전화에 시달리기도 하는 세상이 되었다. 편리한 것이 꼭 좋은 것은 아닌 것 같다. 14년 전, 친정엄마께서는 돌아가실 날을 예견하신 듯 자식들 6남매한테 전화하셔서 보고 싶다고 하신 후 자식들 집을 다 돌아보셨는데, 나는 "지금 바쁘니까 나중에 갈게요." 하고 너무나 가볍게 넘겨버린 그때가 정말 후회스럽다. 왜 자식들은 부모님이 오래오래 사실 것이라고 생각할까? 전화 한 통화 하는 데 인색하고 마음 하나 제대로 못 헤아릴까? 친구 어머님 장례식장에 가서는 자신의 부모님께 '잘해 드려야지.' 하고 마음먹었다가 금세 잊어버리고, 그렇게 후회하며 사는 것이 자식들의 삶인가 한탄하다가도 너무나 죄스럽다는 생각에 가슴이 먹먹해진다. 우리가 살아가는 데 가장 좋은 '5통'이 있다고 한다. 우리 모두가 원하는 만사형통, 좋은 운이 온다는 운수대통, 서로의 마음이 통해야 좋은 의사소통,

재밌어서 좋은 요절복통, 그중에 으뜸은 전화 한 통이라고! 지금이라도 전화 해보는 건 어떨까?

"친구야, 보고 싶다. 잘 지냈니?"

"선생님, 뵙고 싶습니다."

"아들딸들아, 몸 건강하니?"

"엄마, 정말 보고 싶어요. 사랑해요."

서로의 마음을 헤아리며, 전화 한 통화로 위로가 되고, 힘이 되는 따뜻한 세상이 되기를 바라본다.

"여보세요?!"

목말라요 - 2017년 <고추축제 시화전>에 출품한 시
(극심한 가뭄 때의 심정을 쓴 시)

뜨거운 여름날 들길을 지나갈 때면
나를 부르는 소리
아줌마! 목말라요, 물 좀 주세요
벼들도 힘없이 나를 부른다
아줌마! 물 좀 주세요
목이 말라 말할 기운도 없이 쓰러질 것 같다
'얘들아! 어쩌냐?
비가 와야 될 텐데
아줌마도 너희들이 힘든 것 잘 안단다
내 속도 까맣게 타들어가는구나'
제발 비야 내려다오

향교 옆집 일곱 살짜리 남자아이의 사랑이야기♡ - 2017년 3월 1일

오늘은 향교에서 '춘기석전대제'가 있는 날이라 향교에 갔습니다.

바쁜 일손을 도와드린 후 점심을 먹게 되었는데, 한 아이의 엄마가 들려주시는 얘기가 재미있어서 소개합니다. 아이의 부모님은 소를 키우시는데 아이가 자신보다 한 살 더 많은 여자아이한테 "소 열 마리 줄 테니까 나랑 결혼하자."라고 했대요. "축사에 있는 소가 다 자기 것"이라고 했대요. 그래서 엄마가 "소가 왜 네 것이야? 엄마아빠 건데."라고 했더니 "엄마 거가 다 자기 거!"라고 하면서 여자아이와 놀이를 할 때는 '여보! 당신!' 하면서 논다고 해요.

향교 옆에 살아서 어른스러운 건지 아니면 요즘 아이들이 빠른 건지 참 재밌는 것 같습니다. 아무튼 커서 훌륭한 사람이 되기를 바라면서 그 아이의 앞날을 응원합니다.

어제보다 더 행복한 오늘 (2017년 8월 1일)

지난 7월은 우리 괴산에 많은 고통과 절망을 안겨주었습니다. 천재지변이긴 하지만 너무나 힘들었습니다. 전국에서 오신 군인·경찰 그리고 자원봉사자 분들께서 진심으로 열심히 도와주셔서 많은 힘이 되었고 때론 감동의 눈물도 흘렸습니다. 지역의 자원봉사자들도 내 일처럼 가슴 아파하며 더 도와드리려고 애썼습니다. 수해를 당하면 온 국민이 하나가 되어 서로 힘을 주시는 우리나라의 따뜻한 국민성에 감동받기도 합니다.이젠 마음의 고통을 훌훌 털고 일어나셔야 됩니다. 손을 내밀어 힘을 드립시다. 슬퍼하고 있을 수만은 없습니다. 괴산이 우뚝 설 수 있도록 힘을 합쳐서 세상에서 가장 따뜻한 괴산으로 만들어 가기를 바라며, 건강 잘 챙기시고 행복하시길 바랍니다.

아자아자, 파이팅!

권선복
도서출판 행복에너지 대표이사
한국 정책학회 운영이사

우공이산愚公移山의 마음가짐으로 우리 모두가 함께 만들어 가는 '희망의 새 길'

어느 기자가 처칠 영국 수상에게 히틀러 정권에 대항해 영국이 소유하고 있는 최고의 무기가 무엇이냐고 물었습니다. 처칠은 단 1초도 망설이지 않고 대답했다고 합니다.

"영국이 소유했던 가장 큰 무기는 언제나 '희망'이었다."

그렇습니다. 희망은 어떠한 역경과 시련 속에서도 내일을 꿈꿀 수 있는 가장 큰 무기입니다.

물질만능주의와 출세지향주의가 만연하여 갈수록 정신이 황폐해지는 현대사회에서는 희망만큼 우리의 인생과 정신을 살찌우는 삶의 보약이 없습니다.

그러나 고난 속에서도 희망을 놓지 않으며 새 길을 만들어 간다는 것은 절대 쉬운 일이 아닙니다. 대부분의 사람들은 두려움과 안락함 때문에 새로운 모험을 떠나는 대신 현실에 안주하게 됩니다. 곰곰이 생각해 보면 인생에서 가장 큰 위험은 막연한 두려움으로 아무것도 도전하지 않으며 아무것도 감수하지 않는 일인데도 말입니다. 편안한 삶에는 성장 또한 없다는 것을 자꾸 잊고 마는 것입니다.

이 책 『희망의 새 길 한 번 더』의 저자 나용찬 괴산군수는 현실에 만족하지 않았습니다.

그는 35년의 공직생활을 마치고 편안한 은퇴생활을 즐길 수 있음에도 불구하고, 고향의 발전을 위해 기꺼이 몸을 던졌습니다.

가진 것이라고는 공직생활에 첫발을 내딛었을 때 다짐한 '누군가에게 실질적인 도움을 줄 수 있도록 나를 알리고, 나를 필요로 하는 사람이 많아지도록 살아야겠다.'는 신념과 오로지 군민의 행복, 괴산의 발전만을 위해 발로 뛰어야겠다는 의지뿐이었습니다. 그 결과 그는 282개 마을, 1400리 길을 구석구석 누비고 다니는 현장군수 나용찬이 되었습니다.

그의 곁에는 그림자처럼 아내 안미선이 함께했습니다. 자신의 자리에서 묵묵히 지역사회의 소외된 이웃들을 위해, 그들과 소통하면서 나눔의 봉사를 계속해 왔습니다. 이 책의 공동 저자이기도 한 안미선 님은 유아교사와 사회복지사 자격증까지 갖추고 있는 인재인 동시에, 전형적인 외유내강外柔內剛의 모범 사례입니다. 부드러운 동시에 곧고 굳셉니다.

고향의 행복과 발전이라는 똑같은 목표를 향해 부부가 이렇듯 마음을 합하여 새 길을 만들고 단단하게 만들어 가는 모습은 참 아름답습니다.

비록 그것이 평탄대로가 아니라 험한 가시밭길이어도 그들이 한 걸음 한 걸음 내딛는 발걸음에 정성과 노력이 실려 있다면, 절대 땀은 배신하지 않을 것입니다.

그동안 희망, 나눔, 소통, 정성, 함께라는 키워드로 열심히 달려온 나용찬·안미선 부부의 '희망의 새 길'을 응원하며, 우공이산愚公移山의 마음가짐으로 역경이 닥쳐도 희망을 놓지 않고 끊임없이 노력하다 보면 반드시 이루어질 것임을 믿습니다.

더불어 지금 고난 속에서도 꿋꿋이 자신의 자리를 지키며 맡은 바 책임을 다하고 있는 이 땅의 많은 이들에게 행복과 긍정 에너지가 팡팡팡 샘솟길 기원드립니다.

Happy Energy books

좋은 **원고**나 **출판 기획**이 있으신 분은 언제든지 **행복에너지**의 문을 두드려 주시기 바랍니다.
ksbdata@hanmail.net www.happybook.or.kr 단체구입문의 ☎ 010-3267-6277
도서출판 행복에너지

하루 5분나를 바꾸는 긍정훈련
행복에너지

'긍정훈련'당신의 삶을 행복으로 인도할 최고의, 최후의'멘토'

'행복에너지 권선복 대표이사'가 전하는 행복과 긍정의 에너지, 그 삶의 이야기!

인터파크 자기계발 분야 주간 **베스트 1위**

권선복 지음 | 15,000원

권선복
도서출판 행복에너지 대표
지에스데이타(주) 대표이사
대통령직속 지역발전위원회 문화복지 전문위원
새마을문고 서울시 강서구 회장
전) 팔팔컴퓨터 전산학원장
전) 강서구의회(도시건설위원장)
아주대학교 공공정책대학원 졸업
충남 논산 출생

책『하루 5분, 나를 바꾸는 긍정훈련 - 행복에너지』는 '긍정훈련' 과정을 통해 삶을 업그레이드하고 행복을 찾아 나설 것을 독자에게 독려한다.
긍정훈련 과정은[예행연습] [워밍업] [실전] [강화] [숨고르기] [마무리] 등 총 6단계로 나뉘어 각 단계별 사례를 바탕으로 독자 스스로가 느끼고 배운 것을 직접 실천할 수 있게 하는 데 그 목적을 두고 있다.
그동안 우리가 숱하게 '긍정하는 방법'에 대해 배워왔으면서도 정작 삶에 적용시키지 못했던 것은, 머리로만 이해하고 실천으로는 옮기지 않았기 때문이다. 이제 삶을 행복하고 아름답게 가꿀 긍정과의 여정, 그 시작을 책과 함께해 보자.

『하루 5분, 나를 바꾸는 긍정훈련 - 행복에너지』

"좋은 책을 만들어드립니다"

저자의 의도 최대한 반영!
전문 인력의 축적된 노하우를 통한 제작!
다양한 마케팅 및 광고 지원!

최초 기획부터 출간에 이르기까지, 보도 자료 배포부터 판매 유통까지! 확실히 책임져 드리고 있습니다. 좋은 원고나 기획이 있으신 분, 블로그나 카페에 좋은 글이 있는 분들은 언제든지 도서출판 행복에너지의 문을 두드려 주십시오! 좋은 책을 만들어 드리겠습니다.

| 출간도서종류 |
시·수필·소설·자기계발·일반실용서·인문교양서·평전·칼럼·여행기·회고록·교본·경제·경영 출판

도서출판 행복에너지
www.happybook.or.kr
☎ 010-3267-6277
e-mail. ksbdata@daum.net